늘 오늘-이었던 일기를 엮다
1판 1쇄 | 2024년 9월 9일

그리고 꾸민이 | 겨·자
글쓰고 엮은이 | 애이치
만들고 펴낸곳 | 집우주

등록번호 | 2020-000055
등록일자 | 2020년 8월 11일

전자우편
| 애이치 aeichi21@gmail.com
| 집우주 cosmoshome21@gmail.com

ISBN 979-11-974030-1-9 03810

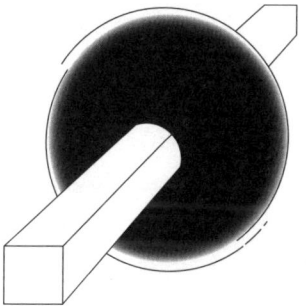

늘 오늘이었던 일기를 엮다

11 – 299 ○
301 – 309 ◯
311   ◎

어느 날, 일기를 쓰기 시작했다

나는 아무것도 바라지 않는다
나는 아무것도 두려워하지 않는다
나는 자유다

○

○○○은 세상에는 네 종류의 책이 있다고 했다.

1. 세계를 변혁하는 책
2. 세계를 해석하는 책
3. 세계를 반영하는 책
4. 세계를 낭비하는 책

사람도 이 기준으로 분류한다면 나는 어디에 속할까?

○

#1 사과를 깎다가 떠오른 짧은 생각

배가 고파서 냉장고에서 사과를 꺼냈다.
그런데 사과를 이등분하려니 잘 안 잘렸다.
알고 보니 칼등으로 사과를 깎고 있었다.

인생을 사과 깎는 것으로 비유한다면
나는 그동안 칼등으로 사과를 깎아 왔던 것은 아닐까?

칼등으로도 물론 사과를 깎을 수는 있다.
하지만 칼날로 깎는 것보다 힘이 더 들고 모양도
울퉁불퉁해져서 먹음직스럽지 못하게 된다.

왠지 내 인생도 그래 왔던 것 같다.
어떻게든 여기까지 살아왔지만 잘못된 방법과 어리석은 생각으로
나는 지쳐 있었고 내 삶 곳곳에 시퍼런 멍이 들어 있었다.
칼만 똑바로 다시 잡으면 되는데...

#2 해탈

오늘 어머니가 참외를 깎아 주셨다.
어머니는 참외를 깎기 바로 직전에 거꾸로 된 칼을 바로 잡으셨다.

나는 한참 덜 살았다. 나는 애송이다.

○

How are you?
I'm fine, thank you. And you?

¿Como esta usted?
Muy bien, gracias. ¿Y usted?

Comment allez-vous?
Bien, merci. Et vous?

잘 지내?
그럼. 너는?

뭐, 그럭저럭...

○

"젊음이 맹목에 자리를 내줄 때 행복감은 그 사람을 뒤흔들고 그 사람의 삶을 정당화하며 그 사람은 나중에 그 사실을 틀림없이 시인한다."

한낮의 더운 땡볕을 피해 에어컨의 인스턴트적 시원함으로 가득 찬 서점에 들러 보고 싶었던 책 속으로 들어가 ○○를 만났고, 거기서 우연히 마주친 글자 몇십 개를 훔쳐 왔어.

○

메인요리를 준비하고 있었는데,
갑작스럽게 애피타이저를 만들게 됐다.

그래도 나름대로 만족스럽구나.

○

인생이란 참 피곤하고 지겹다.
그 지루함과 피로를 더욱 깊게 하는 건,
한 번 태어나면 죽을 때까지 살아야 한다는 사실이다.

내가 원해서 태어난 것도 아닌데 정말 너무 끔찍한 현실이다.
삶과 죽음은 스위치를 켜고 끄는 것과 같다는 H의 말처럼,
내가 하고 싶은 대로 내 인생의 스위치를 켜고 껐으면 좋겠다.

그렇게 될 수 있다면 내 삶이 할당되어 있다 하더라도,
그 시간이 단 하루에 불과하더라도,
나는 정말 정말 행복할 것 같다.

○

모든 사람이 하나의 목적을 위해 태어났다면, 아마 나는
잠을 자기 위해 태어난 것 같다. 진짜 왜 이렇게 졸린 건지,
아무리 자도 그 끝을 모르겠다.

어디 잠자기 대회 같은 건 없나?

○

삶에 온 힘을 다하기도 벅찬데,
다른 이에게 내 삶을 설명하고 정당화하느라
내가 해야 할 일과 나의 꿈을 잊고 살진 않았나.

○

#1
버스를 타고 ○○역으로 향하고 있었다. 정류장에 섰던 버스가 출발하려고 하는데, 어떤 아주머니께서 미처 벨을 누르지 못하셨는지 급하게 일어나며 소리치셨다.

"아저씨! 문 좀 열어 줘요!"

조금 우울해 보이는 아주머니의 표정이 거울에 비쳤다. 그리고 아주머니는 힘차게 엑셀러레이터를 밟았다.

#2
○○행 지하철을 탔다. 한 아주머니께서 자외선 차단 토시를 소개하고 있었다.

"이 토시는 정말 시원합니다. 얼마나 시원하냐면 원단이 맨살보다 시원한 재질이기 때문에..."

맨살보다 시원한 토시라... 웃음이 났다.

○

아무리 친절하더라도 거절은 상처를 남긴다.
상처를 받지 않기 위해서는 한 가지 방법밖에 없다.
거절하지 못할 제안을 하는 것이다.
돈 꼴레오네가 되어야 한다.

어디로 올라가는지
언제 올라갔는지
아무도 몰라
하지만 모두 알고 있어
가장 아름다운 빛을 만들기 위해
그 순간까지
새까만 어둠 속에 너를 감추고 있다는 걸

17일간의 베이징 올림픽이 끝났다. 폐막식 역시 개막식만큼 화려했다. 수많은 사람들이 모이고 흩어지고, 위로 오르고 아래로 내려오면서 장관을 연출했고, 어둠 속에서 터져 나오는 불꽃이 전 세계를 환하게 비췄다.

 올림픽. 스포츠로 하나가 됐다. 전 세계인이 고개를 돌려 베이징을 바라봤고, 세계로 통하는 길은 베이징을 지나가야 했다. 올림픽을 통해 우리는 '하나의 세계, 하나의 꿈'을 꿨다.

 하지만 그것이 진정으로 하나가 되는 것이었을까? 내 생각으로 자본주의에서 탄생한 스포츠라는 것은 절대로 세계를 하나로 묶을 수 없다. 그것은 평화와 화합의 장이 아니다. 그저 있는 자들의 축제다. 여기서 있는 자들이란 바로 '서양西洋'이다.

 올림픽 종목들을 살펴보자. 대부분이 서양에서 만들어진 것들이다. 그들은 자신들이 만든 스포츠들로 올림픽이라는 스포츠 종합세트를 만들어 잔치를 연다. 그것들은 서구의 이성적, 합리적, 경험적 사고 위에서 탄생한 것들이다.

 우사인 볼트가 누구보다 빠르게 땅 위를 달렸다. 뉴스와 신문에서는 과학적인 훈련과 204g밖에 되지 않는 그의 신발을 소개했다. 그렇게 서양인들은 자신들이 위대하다고 자랑을 늘어놓는다. 세상을 이끄는 건 과학이고, 그것을 만들어 내는 것이 자신들이라고…

 하지만 볼트는 경기장 트랙에서 가장 빠른 사나이일 뿐이다. 조건과 환경이 달라진다면 세상 어딘가에 그보다 빠른 사람이 있을 수도 있다. 마이클 펠프스보다 수영을 잘하는 사람도, 옐레나 이

신바예바보다 하늘 높이 올라갈 수 있는 사람도 있을 수 있다. 다만 그들에게는 수영복이 없을 뿐이고, 다른 사람보다 높이 뛰어야 할 이유가 없을 뿐이다.

이러한 상황에서 정신과 마음을 단련하는 우리나라의 태권도 같은 무예마저 그 목적을 잃고 단순한 게임으로 전락하고 만다. 선수들의 발차기가 1,2점을 얻기 위한 행위가 될 때 태권도의 정신은 사라져 버리고, 선수는 심판을 향해 발차기를 하게 되는 것이다.

올림픽이 '있는 자들의 축제'라는 것은 그것이 철저한 자본주의의 이름 아래 탄생한 것이기 때문이다. N은 그의 저서 〈○○○○〉를 통해 자본주의를 경고한 적이 있다. 자본주의의 합리화 논리 중 가장 보편적이며 위험한 것이 현존 사회의 모든 문제들을 '인간의 본성'으로 귀속시키려는 것인데, 그중에서 스포츠는 '서로 겨루고 경쟁하고 싶은 인간 본성의 표현'이 된다는 것이다. 결국, 스포츠를 통해 우리는 이른바 공정하고 평등한 관계 속에서 이러한 욕구를 해소한다는 이야기다.

하지만 꼭 누군가와 싸우지 않고 경쟁도 그다지 심하지 않은 스포츠들도 있다. 위의 책에서 지적하고 있는 것처럼 주나라 사람들이 즐기던 활쏘기나 투호는 이기고 지는 것을 별로 중요시하지 않았다. 우리가 명절 때 즐기는 윷놀이도 그러했을 것이다. 가족들, 친척들과 즐겁게 즐길 수 있는 놀이에 세뱃돈을 걸고 내기를 하게 만든 건 돈이라는 자본이 만들어 낸 우울한 초상이 아닐 수 없다.

어제 야구 결승전을 보러 잠실야구장을 찾았다. 투수가 던지는 공 하나에 나 역시 손에 땀이 났고, 타자들의 스윙 하나에 펄쩍 뛰며 기뻐하기도 하고, 때로는 안타까움에 소리를 지르기도 했다. 우리가 이렇게 하나 되는(?) 스포츠를 즐기고 있을 때 지구 어딘가에는 올림픽이 열리는 줄도 모르는 사람들이 있다. 텔레비전도 라디오도 신문도 구할 수 없는 이들, 자본에 의해 패자로 분류되어 버린 이들, 올림픽은 그들을 끌어안지 않았다.

 첨단 과학의 발전은 새로운 기록들을 만들어 냄으로써 끝없이 경쟁을 생산하고, 자본주의는 승자와 패자의 명암을 분명히 함으로써 경쟁에 욕망을 더한다. 이러한 구조에서 벗어날 때 우리는 진정으로 하나 되는 올림픽을 즐길 수 있게 될 것이다.

 문득 이런 생각을 해 본다. 언젠가 우리나라에서 다시 한 번 올림픽이 열리고 세계의 선수들이 모여 윷놀이를 한다. 메달의 색깔은 모두 같고, 진 선수들은 이긴 선수에게 메달을 걸어 준다. 그리고 경기에서 진 선수들이 엉덩이로 이름을 쓴다.

 어떤가? 재미없으려나...

○

함께 있어도,
혼자 있어도,

그건 나만의 시간.

○

뜨거웠던 여름이 언제 끝나나 싶었는데,
어느새 가을이 살며시 문을 열며 빠꼼히 고개를 내민다.

이제 곧 겨울이구나.
춥다.

○

"나는 왜 태어났을까? 어차피 죽을 건데..."

대답을 해 줄 수 없었다.
무슨 말을 해야 할까?
훗날 그 녀석이 지금의 내 나이가 되어도
나에게 같은 질문을 할까?
그때가 되면 나는 답을 줄 수 있을까?

인생을 살아도 알 수 없는 것들이 있다.
나이가 많아도 알려 줄 수 없는 것들이 있다.
아~ 인생이란 무엇인가...

그렇게 고민만 하다가 가버리는 것.

카메라가 분해되고 부품들이 합쳐졌다.
책상 위에 쌓여 있던 나사들이 하나둘 제자리를 찾아갔다.
아저씨는 40분 동안 의자에서 꼼짝하지 않으셨다.
그의 입에는 담배가 물려져 있었고,
담배가 꺼지면 그는 노래를 흥얼거렸다.

카메라가 정상으로 돌아왔다.
찍히지 않은 사진 생각에 눈물이 날 뻔했다.
시간을 되돌려 이 카메라를 들고 다시 떠나고 싶었다.

그렇게 된다면...
내가 마주쳤던 시간,
내가 머물렀던 공간,
내가 만났던 사람들과 함께할 수 있을 것 같다.

하지만, 그 시간으로 돌아간다면,
내 카메라는 또 고장날 것이다.

잊자.
머리로, 가슴으로 기억하자.

내가 들이마시고 있는 스물다섯 살의 공기는
이제 막 스무 고개를 넘은 젊은이의 열정만큼 뜨겁지도 않고,
뿜은 담배 연기를 보며 어느새 세상에 냉정해져 버린
서른 즈음 된 이들의 한숨만큼 차갑지도 않다.

커피숍에서도 목욕탕에서도 찜질방에서도 찾을 수 없는,
뜨겁지도 차갑지도 않은 미지근함.

정수기의 뜨거운 물은 라면을 끓이고,
차가운 물은 시원하게 목을 축여 준다.

그리고 뜨거운 물, 찬 물이 다 빠지면 나오는 미지근한 물.
라면을 끓일 수도 없고,
마셔도 별로 시원하지 않은 물.
순수한 열정도 없고, 냉정한 판단도 없는 인생.
이도 저도 아닌, 그저 그런 인생.

그래도 나는 미지근한 것에도 가치가 있다고 믿는다.
아직 무엇인지는 잘 모르겠지만...

○

'성공'에 미친 시대.

어떻게 해야 성공하는지는 가르치면서,
성공하면 어떻게 해야 하는지는 가르치지 않는다.

돈, 명예, 친구...
심지어 사랑까지 성공의 기준으로 가르는 사회.

그만하자.

○

낯선 것들이 익숙해질 때쯤,
그것들은 하나둘 사라져 간다.

○

믿음은 우리의 삶을 이끈다.

신을 말하려는 게 아니다.
물론 신앙도 포함되지만 종교에 대한 이야기가 아니다.

우리가 생각하고, 말하고, 행동하는 것은 믿음으로부터 시작된다.

돈을 믿는 사람은 돈을 가장 먼저 생각하고, 성공을 믿는 사람들은 성공만을 말하며, 그들은 그것을 얻기 위해 행동한다.

그렇다면 우리는 어떻게 뭔가를 믿게 되는 걸까?

○

사람들은 모두 폭탄을 하나씩 가지고 살아간다.
그 폭탄은 수많은 선들로 우리 몸과 연결되어 있다.
우리의 삶은 그 선을 하나하나 잘라 내는 과정이다.

그중 자르면 폭탄이 터지는 선이 하나 있다.
그 생명의 줄을 끊어버리는 순간, 우리는 죽는다.

난 얼마만큼의 선을 잘라 왔을까?
또 앞으로 얼마만큼의 선을 자르게 될까?

○

하나둘 나이를 먹는 건 슬프지 않다.

다만 조금 더 자라면 하지 않을 거라 생각했던 실수를
나도 모르게 되풀이하고 있을 때,
예전보다 나아진 게 없는 나라는 걸 느낄 때,

그럴 때면 참 슬프다.

○

그녀는 신부 화장보다 바보 분장을 더 하고 싶다고 했다.
나도 이제부터 무엇이든 조금 더 열심히 해야겠다고 다짐했다.

○

#1
병원 보일러가 고장나서 물이 새는 바람에
20분동안 진료가 중단됐어.
그런데 바로 다음이 내 차례였던 거야.
진료는 채 1분도 안 걸렸는데 말이지.

#2
어느 버스는 4대가 지나갔는데
내가 타려는 버스는 20분을 기다려도 오지 않더라.
겨우 차를 탔는데 정확히 6분 후에 내렸어.

○

내 마음대로 무엇이든지 할 수 있지만
딱 한 가지, 내 마음대로 되지 않는 것이 있다.

바로 혼자이고 싶지 않은 것.

○

바다가 나를 본다.
나도 바다를 본다.
바다가 왜 바다인 줄 알아?
모든 걸 다 받아 주기 때문이래...

○

만우절인데 거짓말하는 사람 하나 없구나.
세상은 이미 거짓말 투성이니까...
진실이 통하지 않는 세상...
이 모든 게 거짓이었으면 좋겠다.

○

다른 곳을 봐야 서로 마주보는데,
서로 같은 곳을 보고 있었습니다.

○

물 같은 사람이 되고 싶었다.

색도 없고...
맛도 없고...
향도 없고...

그저 그런, 아무 특징도 없는 사람.
그러면서도 세상에 꼭 필요한 사람.

하지만 그건 나의 욕심이었다.

○

영화감독과 살인범은 똑같은 고민을 한다.
"저 사람을 어떻게 죽일까?"

하나는 예술이 되고, 하나는 현실이 된다.

○

삶이란 경계를 긋는 과정이다.

사람들은...
끝없는 하늘을 낮과 밤으로 나누고,
무한한 시간을 시, 분, 초로 쪼갠다.

그리고 무엇보다...
나와 너, 우리와 그들을 나누는 데 있어
그 기준은 가장 정확하다.

○

진실을 말하는 건 어렵다.
진실을 말하는 건 두렵다.

진실이 뭔지도 잘 모를 뿐더러,
진짜 진실을 알게 되는 건 불편한 일이기 때문이다.

○

기아가 1위를 지키든,
SK의 연승 기록이 계속되든,
두산이 변함없이 3위든,
롯데가 가만히 앉아서 4위를 결정하든,
삼성의 가을야구가 끝나든,
히어로즈가 누구의 발목을 잡든,
LG가 항상 내년이 기대되든,
한화가 터무니없는 꼴찌를 하든,

I don't care~

○

조그만 약 하나에 괜찮아지는구나.
생명이라는 것, 이럴 땐 참 별 볼 일 없는 듯...

○

간절히 바라면 이루어진다고 하지만,
내 마음대로 안 되는 것이 있다.

공은 둥글다.

○

새로운 것은 쉬운데,
오래된 것이 어렵다.

○

월요일의 백미는 역시 지각이지.

○

왜 이렇게 훌륭한 분들이 비슷한
시기에 떠나시는 건지 모르겠다.
때가 되어서 가시는 거겠지만,
시대의 氣가 뭔가 맞지 않는 것 같다.
너무 너무 안타깝다.

○

돈은 시간과 바꾸는 것이고,
명예는 자유와 바꾸는 것이다.

나는 아직까지는 돈보다는 시간,
명예보다는 자유를 원한다.

○

"바다 보러 갈래?"
"응, 가자."

 일요일, 오후 3시였다. 바다에 가기에는 늦은 시간이었다. 하지만 난 "알았어."하고 전화를 끊고 5분 만에 집을 나섰다. 다음 날은 월요일이었고 출근을 해야 했지만 그런 건 신경쓰고 싶지 않았다. 어쩌면 그냥 어딘가로 가고 싶었던 것 같다. 많은 생각들이 머릿속에 있었지만, 어떻게 정리해야 할지 몰랐고, 바다를 보면 다 풀릴 것 같았다.
 ○○역에서 J를 만났다. 하지만 △△으로 가는 기차는 없었고, 우리는 어떻게 할까 고민하다가 결국 □□행 기차표를 샀다. □□에는 바다가 없다. '바다'라는 단어에 꽂혀 무작정 집을 나섰는데, 중요한 건 바다가 아니었던 것 같다. 그랬던 것 같다.

○

비슷한 출근시간 때문에 마을버스에서 자주 만나게 되는 사람들이 있다. 그중 요즘 내 눈에 들어오는 한 사람이 있다. 이름이 무엇인지, 무슨 일을 하러 가는지 모르지만 나는 그가 초등학교 선배라는 것을 금방 알아차렸다. 선배라고 해도 말 한 번 나눠 본 적이 없는, 그저 얼굴만 알고 있는 그런 사람이다.
 내가 그를 바로 알아볼 수 있었던 건, 어릴 적 얼굴이 아직 남아 있었기 때문이다. 다만, 면도를 했음에도 턱을 덮고 있는 거무스름한 수염자국, 탈모가 조금 일찍 시작되었는지 훤해진 이마, 입가와 눈 밑의 주름, 피곤에 찌든 표정은 어쩔 수 없는 어른의 것들이었다.
버스 손잡이를 잡고 서서 꾸벅꾸벅 졸고 있는 그를 보면 너무 초라하다. 나이가 들어 삶의 무게에 버거워하며 버텨내는 모습이 안쓰럽기만 하다. 어쩌면 나를 아는 누군가도 나를 보며 나와 같은 생각을 할지도 모른다. 그렇게 생각하니, 그의 모습이 나의 모습인 것 같아 괜스레 서글퍼진다.
내가 타는 마을버스는 내가 다녔던 초등학교 앞을 지나간다. 나는 창문 밖으로 학교를 바라본다. 넓은 운동장 위에서 아이들이 뛰어놀고 있다. 그 안에 그는 없다.
 그리고 나도 없다.

○

사람은 삶을 살아가면서 수많은 경험을 하게 된다. 그 경험들은 자신이 원하는 것이든 그렇지 않은 것이든 직접적으로, 또 간접적으로 한 사람의 인생관과 철학에 영향을 미친다. 그리고 인생관과 철학은 한 사람이 판단을 내리는 데 있어 중요한 기준이 된다.

하지만 내가 가진 인생관과 철학은 때로 누군가를 불편하게 하고, 누군가에게 상처를 주곤 한다.

○

내가 언젠가 아무런 고민 없이 누군가에게 던졌던
비아냥, 농담, 충고, 참견… 따위의 말이,
시간이 흐르고 흐른 뒤
누군가에게서 나에게로 되돌아왔다.

○

어떤 사물을 보거나 들으면 떠오르는 사람이 있다.
내게는 '족발'이라고 하면 생각나는 그런 친구가 있다.

○

"끝나니까 뭔가 허무하네요."
"원래 인생이 허무한 겁니다."

○

다양한 생각,
다양한 모습,
다양한 사람,

나는 너무도 평범한 사람.

○

음식을 차린 사람의 정성으로 먹을 수 있는 것은
어디까지나 배가 정말 많이 고팠을 때의 이야기다.

맛없는 음식을 만드는 건 죄를 짓는 것과 같다.
아주머니는 황태에게도, 나에게도 잘못을 빌어야 했다.

○

꼭 가지 않아도 되고,
꼭 보지 않아도 된다.

여행이 즐거워지는 수칙 3조 2항쯤 되려나.

메뚜기를 잡다 지쳐 버린 아이들이 풀밭에 눕는다
아이들은 하늘 위에다 제멋대로 그림을 그린다

솜사탕이 강아지가 되고
강아지가 선생님이 되고
선생님이 몬스터가 되고
몬스터가 병렬이가 되고
아이들은 한바탕 깔깔 웃는다

얼마 전, 산 너머에는 공장이 들어섰다
공장 굴뚝은 슉- 슉-
하얀 연기를 뿜어낸다

솜사탕은 바람을 타고
그렇게 그렇게
산을 넘어간다

○

분명히 새해의 다짐 중 하나,는 아니었다.
충동적으로, 무계획적으로 일이 이루어졌다.
왜 내가 그렇게 하려 했는지 나도 잘 모른다.
어쨌든 그동안 나와 상관없던 것이 내 삶에 끼어들었다.
○○○○야. 안녕!

○

나는 핸드볼 선수다.

핸드볼 선수는 축구 선수나 야구 선수만큼
돈을 많이 벌지도 못하고, 인기도 없다.

하지만 축구 선수나 야구 선수가 부럽다고
지금 당장 핸드볼을 그만두고 축구 선수나
야구 선수가 될 수는 없다.

인생은 그런 거다.

○

내가 당신 차를 빼 달라고 한 건
순간적으로 잘못 판단한 겁니다.
다른 차를 빼 달라고 했어도
나는 나갈 수 있었죠.
좋아요, 인정해요, 죄송합니다.

그런데 벌써 세 번째 차를 빼는 거라며
소리 지르고 짜증을 내는 건
아니라고 봅니다.

나 혼자서 세 번을 빼 달라고 한 것도 아니고,
당신이 차를 세 번을 빼든 네 번을 빼든
내가 당신에게 부탁한 건 한 번이었어요.
공간이 좁으면 불편한 걸 감수해야 하는 것 아닐까요?

기분이 상했지만 그래도 다행인 것은,
내가 당신에게 차를 빼 달라고 부탁한 네 번째 사람은
아니라는 겁니다.
그랬다면 멱살이라도 잡혔을 것 같아요.

○

아무것도 하지 않아도 되는 날.

○

아무것도 하지 않은 날.

○

○○의 아침, 매끈하다.
숙소의 커다란 베란다 창으로 바라보는 바깥의 풍경. 초고층의 빌딩들이 하늘을 덮은 △△시티의 모습은 실제라기보다는 잘 보정한 한 장의 사진을 보는 것 같다. 가로와 세로 선이 만들어 내는 도시의 풍경. 빌딩 사이로 흘러가는 구름과 바람에 흔들리는 깃발만이 이 도시가 사진이 아님을, 숨쉬고 있음을 알려 준다.

○

바다를 바라본다. 어둡다. 수평선은 파도에 휩쓸려 사라졌다. 달님은 어둠을 밝히면서 수평선에게 휴식을 제공하는 일도 한다. 어둠의 반대편은 밝다. 도시의 불빛은 바다의 어둠과 대조를 이룬다. 대자연과 대도시, 어둠과 빛이 싸우지 못하고 마주서서, 서로 으르렁거리고 있다. ○○○의 바람은 그렇게 흘러간다.

○

일을 못 해 한숨 쉬는 사람.
일을 많이 해 한숨 쉬는 사람.

늙어버린 친구의 얼굴을 보며 묻는다.
나는 행복한가?

○

우리 동네의 어느 집 담에는
L의 〈○○○ ○○〉과 K의 〈△△△△〉이 그려져 있다.

생각해 보라.
매일 아침 집을 나가고 들어오는 길에
자신이 좋아하는 그림을 보게 되는 장면을...

이렇게 상상만으로도 흐뭇해지는데,
그것이 현실인 사람은 얼마나 행복할까!

○

우리는 인생은 우리가 선택하는 거라는 착각에 빠져
아둥바둥 살아간다.

무슨 책을 읽을지,
무슨 영화를 볼지,
무슨 음악을 들을지,

우리에게 선택의 기회가 있는 것 같지만
사실, 이런 것들이야말로 운명처럼 다가온다.

우주의 길은 우리를 이끌고,
그렇게 세상은 질서를 맞춰 간다.

○

바닷물이 마을을 집어삼키고 있었다.
영화에서나 보던 장면이었다.

배가 고파 들어간 치킨집에서는
그렇게 어마어마한 일이 일어나고 있었다.

○

세상의 시선에서 자유롭다는 것.

그 시선에 맞춰 살거나,
그 시선을 무시하거나.

○

사람이 죽으면 땅 밑에 묻힌다.
그런데 사람들은 하늘나라에서 편하게 살라고 기도한다.

사람들은 살아서도 죽어서도 높은 곳만 찾는다.
아마 지금 이 순간에도 땅의 신은 엄청
화를 내고 있을 것이다.

○

동창들과 여행을 다녀오셨던 부모님, 엄마가 사진을 보여 주셨다.
그 사진 중에 아이처럼 환하게 웃고 있는 아빠가 있었다.
나는 아빠가 이렇게 웃는 것을 본 적이 없었다.
엄하고 무뚝뚝해야 했던 우리 아버지들.
그렇게 하는 것이 가장의 역할이라고 믿었고,
그렇게 할 수밖에 없었던 사람들.
사진 속 아빠의 웃음에서
나는 어릴 적 나와 같이 뛰놀던,
아주 신이 난 친구의 모습을 본다.
엄마는 '네 아빠 표정 좀 봐'라며 재미있다고 웃으셨다.
아빠가 이렇게 웃는 모습을 자주 봤으면 좋겠다.

○

아침에 '쿵'하는 소리에 잠에서 깼다.
일어나 보니 엄마가 헛구역질을 하며 쓰러져 있었고,
아빠가 옆에서 등을 두드리고 계셨다.
아무래도 어제 먹은 음식이 잘못된 것 같았다.
조금 진정이 된 후, 엄마는 침대로 가서 누우셨다.
엄마가 아프니 아침이 일그러졌다.
아빠는 토마토 한 쪽을 드시고 출근하셨다.
나도 엄마 옆에 앉아 이야기를 나누다가
시간이 되어 집을 나왔다.
가족 중 누군가 아프면 옆에 있는 것은 항상 엄마였다.
죽도 끓여 주고, 병원에 데려가는 것도 엄마였다.
그런데 엄마가 아픈데 아무도 엄마 옆에 있어 주지를 못했다.

○

따지고 보면 어떤 일이든
반복적이고 귀찮은 단순 업무들로 이루어져 있다.
수많은 단순노동 없이 세상은 돌아가지 못한다.

그런데 우리 젊은 세대들은
자신들이 뭔가 창의적이고 빛나는 역할을 할 사람이라 믿으며,
자신에게 맡겨진 심부름 같은 일들을 귀찮아하고
자신이 제대로 평가받지 못하고 있다고 불만을 갖는다.

하지만 내가 지금 하고 있는 일을
나보다 먼저 시작한 사람들이 많이 있다.
그들의 경험은 내가 쉽게 무시해 버릴 수 있는 것이 아니다.

내가 지금 할 수 있는 일, 내가 해야 할 일은
그들이 빛날 수 있도록 도와주는 일일 것이다.

○

결국은 '누군가의 잘못'으로 끝내는 게 가장 쉽다.

○

'살아간다'는 것은
삶이 별 게 아니라는 것을
깨닫는 일이다.

○

나는 내 인생의 주인공이면서
다른 사람 인생의 조연, 엑스트라다.

주인공으로 빛나고 싶다면
조연, 엑스트라의 역할도 소홀히 하면 안 된다.

○

한바탕 비가 쏟아지고
태양이 얼굴을 내민다
길바닥에는 지렁이들이 말라 비틀어져 있다

고마운 존재,
땅의 개척자의 최후가 이리도 비참할 수가!

이웃에 살던 개미들만이
줄지어 나와 초상을 치른다

○

물이 흐르고
바람이 불고
부엉이와 개구리가 울고
어디선가 종소리가 들리고

그렇게 눈을 감으니
나는 숲속에 와 있었다

○

화가 났다.

할말은 해야겠다고,
짚고 넘어가야 할 것은 그렇게 해야 한다고 생각했다.

하지만 말하는 과정에서
감정적으로 말한 부분도 없지 않고,
내 말투가 공격적으로 비쳤을 거라는 걸 안다.

이것이 나의 단점이다.
날카롭고 정확하게 회를 썰어 내지만,
칼 채로 손님에게 건넨다.

내용은 단단하게, 말투는 부드럽게
썰어 낸 회는 보기 좋게 접시에 내어 놓자.

○

병원에 가서 의사의 말을 듣는 것,
'괜찮다'는 말 한 마디에 마음이 편안해진다.

○

더없이 평온하고 평범한 출근길.

멀리서 요란한 소리가 들리더니
구급차 한 대가 빠른 속도로 달려와 내 옆을 지나간다.

지금 저 차를 타고 가는 사람은 어떨까?
정확히 어떤 상황인지 모르지만,
어쨌든 굉장히 슬프고 무서울 것 같다.

같은 시간, 같은 공간 안에 있는데,
나와 그 사람은 서로 다른 우주 속에 있다.

○

밤 늦은 길을 걸어 집으로 돌아가는 길.

고개 숙인 아저씨의 힘없는 발걸음이 눈에 밟히고,
어두운 나무 그림자 아래 연인들의 다툼 소리가 귀에 꽂힌다.
나도 그들과 같이 외롭고 어지러운데
자꾸만 나타나는 가로등이 내 마음을 환하게 드러내려 한다.

달도 아닌 것이 왜 달 흉내를 내는 것인지,
가짜가 더 진짜 같은 세상일에 지쳐 문득 하늘을 올려다 본다.

눈에 들어오는 것은 우주 같은 하늘 대신에,
창문틀에 팔을 괴고 담배 연기를 뿜어내는 젊은 여자.
달마저 구름 뒤로 숨어버려 희미하기만 하다.

사람도, 하늘도,
오로지 한숨뿐이다.

◯

오래된 책에서
오래된 편지를 찾았다.

누군가에게 용기를 주었던 편지.
지금은 그 편지를 썼던 사람에게 힘을 실어줄 때다.

○

사고가 난 것보다
경우 없는 사람을 만났다는 것이 더 짜증난다.

○

모든 게 다 짜증나고 울고 싶고,
왜 나한테만 이러는지 모르겠고,
세상에 내 편은 아무도 없는 날.

○

○○의 한 초등학교.

벽과 복도,
교실 구석구석에는
아이들이 직접 쓰고 그리고 만든 작품들이 가득했다.

학교 건물 전체가 보물창고 같았고,
그들끼리의 비밀장소 같았다.

운동장에서 축구공을 차며 뛰어노는 아이들을 보며
잠시 내가 나온 학교를 떠올려봤다.

그리고 곧,
학교 구경을 하며 운동장을 가로질러 가려다가
보안관에 의해 경고를 받고 돌아서야 했던 기억이 생각났다.

○

점심에 먹을 도시락을 저녁에 꺼냈더니
창문 너머 밤(夜)이
밥 속에 들어와 있네.

식은 밥을 먹으면 맛없을까 봐
엄마가 몰래 넣어주셨나 봐.

○

몸은 완전히 퍼졌는데 움직여야 될 것 같은 날이 있다.
이런 날은
살이 방바닥에 쩍 하고 들러붙어 있다.
이걸 떼어내는 게 보통 일이 아니다.

○

미술관에 가면,
우리나라 사람들이 이렇게 미술에 관심이 많았나 하고,
서점에 가면,
우리나라 사람들이 이렇게 독서에 관심이 많았나 하고,
카페에 가면,
우리나라 사람들이 이렇게 커피에 관심이 많았나 하고,
중국집에 가면,
우리나라 사람들이 이렇게 짜장과 짬뽕에 관심이 많았나 한다.

○

사람들은 서로의 모습을 닮아간다.
나의 좋지 않은 모습을 상대방에게서 보게 되면
내가 못한 것보다 더 마음이 아프다.

○

○○○○년이 끝나고 △△△△년이
시작됐다.

나는 그저 하루를 살아갈 뿐인데,
나이를 한 살 더 먹는다는 사실이
뿌듯하기도 하고 쓸쓸하기도 하다.

꽤 많이 살아왔다고 생각했는데,
이제야 서른 즈음에 오게 됐다.

○

사이드 브레이크를 채우지 않고 기어를 중립에 놓으면
차는 땅이 기울어진 쪽으로 굴러간다.

사람도 마찬가지다.
강한 다짐이나 마음가짐이 없으면
중립을 지키지 못하고 한쪽으로 기울어지게 마련이다.

○

한국의 설악산
독일의 추크슈피체

올려다보고
내려다보고

내가 있는 곳만 달랐을 뿐,
산이 다른 줄은 모르겠다.
○

펄~펄~ 눈이 옵니다.
하늘에서 눈이 옵니다.
오라는 봄은 안 오고,
하늘에서 눈이 옵니다.
○

검은 하늘 위로
가로등 불빛 위로
바람 부는 도로 위로
술잔에 들뜬 사람들 위로

하얀,
벚꽃이 날린다.

○

비가 내렸다.
○○에서 친구들을 만났다.

다들 여전했지만,
아주 조금, 우리는 변해 있었다.

그 변화가 나쁘진 않다.
다만 청춘을 잃어버리는 건 슬프다.

우리는 같이 세 시간 정도의 나이를 먹고 헤어졌다.

○

나는 스마트폰을 쓰지 않는다.
지금은 영상통화가 되는 3G폰을 쓰고 있는데, 그마저도 ○년 동안
썼던 전화기 화면이 깨지는 바람에 어쩔 수 없이 교체한 것이다.
나는 디지털카메라도, MP3도 가지고 다니지 않는다. △년 전부터
필름카메라를 쓰고 있고, MP3 대신에 책을 들고 다닌다.

주위 사람들은 이런 나를 의아해한다.
왜 스마트폰을 쓰지 않느냐고,
왜 필름을 사는 데 돈을 쓰냐고,
버스랑 지하철에서 책이 잘 읽히냐고,
그럼 나는 대답한다.
"이게 더 좋다. 아직 필요하지 않다"고…

오래도록 사물을 들여다본 후에 셔터를 누르고,
어떤 사진이 나올지 기다려야 했다.
실수까지 기록하는 필름이 더 좋았다.
디지털은 기다림의 기쁨과 관찰의 과정을 없애 버렸다.

우리는 이제 어쩔 수 없이 디지털 기기를 사용해야 한다.
점점 사라지고 있는 아날로그는
우리의 관심과 노력 없이는 배울 수 없다.

○

신신예식장을 보며 많은 생각이 들었다.

평생을 모아도 1억을 못 만지는 사람들이 많은데
결혼식 한 번에 1억씩 쓰는 사람을 이해하지 못하는 할아버지.

돈의 가치는 모두에게 똑같지 않다는 사실에 흐뭇해졌다.

○

시간이 흐른다.
공간도 바뀐다.

흐르는 시간을 담는다.
바뀌는 공간을 잡는다.

가능하지 않은 것을 상상하며
잠시 지난 시간과 공간 속으로 들어갔다가
떨어지는 빗방울에 머리를 맞고 현실로 돌아왔다.

○

어떤 단어를
정확하게 알고 있는 것,
정확하게 소리 내는 것,

말에 권위를 달고 신뢰를 높이다.

○

계산을 하고
번호표를 받았다.
○○번.

나쁜 일이 생길 거라는 생각은 안 했지만,
좋은 일이 생기지 않을 거라는 느낌은 들었다.

○

바닷가에서는 바람이 불어왔다.
바람에서 바다 냄새가 났다.

크게 숨을 들이마시니
바람 한 줌이 마음속으로 들어갔다.
아차 싶어 숨을 뱉었지만 헛수고였다.

"큰일이네, 내 마음에서 짠맛이 나고 있어."

○

언젠가 아는 사람 한 명이
필름카메라를 쓰는 나를 보고
참 고상한 취미를 가졌다고 말했었다.

오늘 사진관에 필름 39통을 맡기고 돈을 내면서 깨달았다.
내 취미는 고상한 게 아니라 고약하다는 것을...

○

우리를 자유롭게 하지 못하는 것.

가난
가족
...

○

머리가 하는 일과
팔과 다리가 하는 일과
가슴이 하는 일 사이에
어떠한 차별도 두지 않겠다.

○

보통 애국가가 나올 때까지 TV를 보면 한심하다고 하는데
이제 그러면 안 될 것 같다. 요즘 새벽에 듣는 애국가가 참 좋다.

○

"현실을 떠나고 싶어."
"지금 여기도 현실이야."

닿을 수 없는 현실.
닿을 수 없는 생각.

○

오늘 하루는 꽤 길었어.
집에 오는 길에 자주 마시지 않는 캔커피를 뽑아 들이켜고서
곧 '사이다를 마실걸...'했지.
아무래도 끈적끈적한 각성보다 톡 쏘는 마비가 필요했나 봐.

○

굳이 솔직하지 않아도 될 때도 있다.
순발력이 없다면,
미리 상황에 따른 거짓말을 준비하는 게 좋다.

○

영화 시작하고 늦게 들어오면
자기 자리 찾아갈 생각 말고,
제발 빈자리 아무 데나 앉아서 봐.
그리고 중간에 핸드폰 좀 켜지 마.
급한 일 생기면 어쩌냐는 사람들,
그렇게 걱정되면 영화 보러 왜 와?

○

돈보다 중요한 어떤 것.
돈만큼 중요한 어떤 것.

○

외로워졌다. 외로움이 밀려왔다.

○

사람의 단점은
때로는 매력으로
때로는 폭력으로
다가온다.

○

갑자기 쏟아진 비에 택시를 탔다.
기사님께서 ○○에 대해 이야기를 꺼냈지만
쏟아지는 비로 젖어 가는 도시를 바라보는 게 좋아서
건성건성 대답만 했다.

내릴 때쯤,
기사님은 내게 △△△에 대해 어떻게 생각하냐고 물었다.
그게 뭔지도 몰랐고, 알아도 대답하기 싫었다.
"글쎄요, 잘 모르겠는데요. 한동안 외국에 있어서..."
나도 모르게 변명 같은 대답을 하고 말았다.

기사님은 내 대답에는 아랑곳하지 않고,
이렇게 관심이 없어서야 되겠냐며 핀잔을 줬다.
하지만 내 머릿속에는 온통
'어디를 다녀왔다고 해야 하나'라는 생각뿐이었고,
어이없게도 랑카위가 떠올라 혼자 피식 웃고 말았다.

○

골키퍼 있다고 골이 안 들어가지 않지만
몇 골 먹었다고 골키퍼를 바꾸지 않는다.

○

나를 움직였던
그 마음, 그 다짐은 어디로?

○

시간은 스물아홉에서 정지할 거라고 말하던 친구를 둔
어느 가수의 목소리가 밤하늘을 달렸다.
그는 열아홉 살 때도 스무 살이 되고 싶지 않다고 했고,
이제 개 나이로 세 살 반이라며 모르고 싶은 게 더 많다고 했다.

나도 이제 서른이다.
참 많은 이야기들이 있었고,
참 많은 이야기들을 나눴다.

12월 31일과 1월 1일,
스물아홉과 서른,
그 경계가 어디인지 알 수 없었지만
어쨌든 나는 다른 세계로 넘어가고 있었다.
먼저 그 세계로 넘어간 어른은 경계를 정확히 알고 있었다.
갑자기 펑하는 소리와 함께 불꽃이 터졌다.
불꽃을 아래에서 올려다보는 건 처음이었다.
아름다웠다.
깜짝 선물처럼 찾아온
새해 첫날의 불꽃처럼
즐거운 ○○○○년이 되기를!
내 서른도 아름답기를!

"想像"

우리말로 [상상]
일본어로 [そうぞう(소-조-)]
중국어로 [xingxiàng(샹샹)]
...이라고 읽습니다.

나라마다 같은 글자를 다른 소리로 읽습니다.
하나에서 여러 가지 해석, 모양, 생각이 태어납니다.
그 창조를 만들어 내는 힘이 바로 상상일 것입니다.

想像이라는 한자를 쪼개 보면
木, 目, 心, 人, 象
(나무, 눈, 마음, 사람, 코끼리)

단어들을 보니 문득 '장님이 코끼리를 만진다'는
우화가 떠오릅니다.
6명의 장님 중에 코끼리 다리를 만진 장님이
"코끼리는 나무 기둥처럼 생겼다"라고 하죠.

부분만 알고 전체를 판단하는 어리석음을 꼬집는 우화지만
기존의 해석을 잠시 내려놓는다면,

눈이 보이지 않는 장님에게 '코끼리=나무 기둥'이 됩니다.
과연 눈으로 코끼리를 본 사람 중에
"코끼리는 나무 기둥 같다"고 말할 수 있는 사람이 있을까요?
하지만 늘 이처럼 틀리거나 엉뚱한 생각에서
놀라운 상상이 시작되곤 합니다.

'상상'이란
실제로 경험하지 않은 현상이나 사물에 대하여 마음속으로
그려보는 것입니다.

그러기에 상상을 하려면,
세상을 새롭게, 다르게 볼 수 있는
-때로는 엉터리 같은- 눈이 필요합니다.
사진기나 현미경으로도 세상을 보는 새로운 눈을 가질 수 있지만,
어쩌면 눈을 감아 버릴 때 더 놀랍고 멋진 상상이 펼쳐질 수도
있습니다.

○

세상은 불공평하다.
땡볕에서 땀 흘리는 것보다
다른 성공의 그늘 아래 있는 게 더 낫다.

○

그래도 어떻게 그럴 수 있니?
그래도 그건 너무했다.
그래도 이 정도는 해야지!

'그래도'
생각과 이해와 배려를 가두는 섬.

○

사람들을 떠나 보내고
터덜터덜 걸었다.
어깨에 멘 짐이
더 무거워졌다.
떨군 고개, 처진 얼굴에서
끝없는 외로움을 보았다.

○

어떤 일이든 되게 마련이다.
잘 되든, 못 되든.
잘과 못의 차이지,
일이 된다는 사실은 바뀌지 않는다.
중요한 것은 어떻게 하느냐다.
쉽게, 빠르게, 안전하게,
일의 성공보다
이런 과정을 챙기는 것이 더 어렵다.
하지만 세상은 이런 과정에 별 관심이 없다.

○

'조금만 더 버티면 좋은 날이 올 거야'
'네가 가진 것조차 가지지 못한 사람이 있어'
'작은 것부터 고마워하며 살아야 해'
내가 해결해 줄 능력이 없는 일에
함부로 이런 말들을 하지 않겠다.

○

가장 힘든 사람이 참고 있다면,
나도 조용히 있겠소.

○

나는 어디로 가고 있는가?
내 발이 걸어가는 것인가?
내 길이 움직이는 것인가?

○

나는 바뀐 게 없다.
그러나 나를 보는 시선은 바뀌었다.

부모님께는 ○○년만에 효도하는 것 같아 기쁘기도 하지만,
여전히 내 일에 대한 무거운 마음이 크다.
나보다 더 열심히 삶을 살아가지만 그만한 대가를 받지 못하는
사람들이 많다는 걸 알기에,
성공에 가까이 있다는 이유로 부러움과 관심을 받는 지금,
'세상은 불공평하다'는 사실을
가진 게 없었던 때보다 더 온몸으로 사무치게 느끼고 있다.

○

밥보다, 잠보다, 섹스보다,
똥오줌이 제일 급하다.

우리 몸은 쌓여 가는 찌꺼기부터 빼내고 싶어한다.
쌓아 두지 말자.
가슴속 똥오줌.

○

"소막창, 소곱창, 야채곱창, 군대곱창?
군대곱창은 뭐예요?"
아주머니는 다시 봐도 재밌으신지
멋쩍게 웃으시면서 말씀하셨다.
"순대곱창인데 잘못 나왔어."

○

    D가 닉 부이치치를 보다가 무심코
"팔, 다리가 없는데 어떻게 살지?"
나는 D에게 무심코
"넌 생각이 없어도 살잖아."
곧 아무 대꾸 없는 D에게 미안했다.

○

늘 그렇지만,
일이 문제가 아니라
나와 엮여 있다는 것이 문제다.

○

내가 봐도 나는 참 별로다.

○

페이스북 '상태' 버튼을 누르니
"무슨 생각을 하고 계신가요?"라고 묻는다.

아무 생각 없었는데,
갑자기 별별 생각이 다 든다.

○

요구르트를 마시는 아이,
마지막 한 방울까지 다 마시려는 듯
입에 병을 문 채 한참 동안 고개를 들고 있다.

나는,
그렇게 열심히 살았던 게 언제인지,
그렇게라도 하늘을 본 게 언제인지.

○

죽이 될까 밥이 될까
걱정하지 말자.

뭐가 되든 먹으면 되니까.

○

가장 합리적인 판단을 내리지만,
다른 사람에게는 그렇지 않다.

○

빌딩 틈으로
나무 사이로
빛나는 눈과
낮은 숨으로

○

뒷모습을 뒤로하고 돌아섰다.
억지로 위로하고 싶지 않았다.
조금은 알게 됐다는 생각이 들 때,
그럴 때마다 더 강력한 적이 튀어나온다.

○

서두른 마음,
서투른 마음이 아니기에,
그 마음까지 담아 주지 못한 미안함.

○

살다 보면,
분명히 알고 있는 것들도
완전히 잊어버리고
멍청한 말과 행동을 하곤 한다.

누구에게나 찾아올 수 있는 멍청한 순간을
현명하게 안아주는 사람이 되고 싶다.

○

꿈은 이루는 게 아니다.
우리는 꿈을 깨야 한다.

○

○○동 사무실은 3층이라 주로 걸어 다닌다.
오랜만에 출근하여 계단을 오르려는데,
청소하시는 아주머니께서 버럭 소리를 지른다.
아니, 왜 엘레베이터를 놔두고 걸어다니냐고…
얼떨결에 계단을 내려와 엘레베이터를 타고 올라갔다.
올라가면서 왜 그러신 건지 생각해 보니
자주 이용하지 않는 계단을 청소해야 하는 게
귀찮고 싫으셨던 것 같다.
건강을 지키는 일도,
지구를 지키는 일도,
누군가의 귀찮음과 싫증보다 하찮은 일이다.

○

쓰레기통을 뒤지는 청솔모.
하긴, 네가 한글을 알겠니.

　　　　　○

　　　　그럴 걸
　　　　그러지 말걸
　　　　사는 게 다 그래

　　　　　　○

예를 들면 이런 건데,
노래 한 곡을 따라 부르기보다
앨범에 대해 이야기할 수 있는 사람.

　　　　　○

불안하다...
불안하지 않다...

기다리는 시간...
참아야 하는 시간...

더 기다릴 수 없어
더 참을 수 없어
나는 떠난다

이룰 수 없는 것들을 버리고
이룰 수 있는 것들만 꿈꾼다

짧은 여행의 끝에서
나는 달라질 수 있을까?

이제 나는 나를 믿는다.

○

아침에 글을 쓰려고 컴퓨터를 켰다가 보게 된 뉴스. 결국 아무것도 하지 못하고 하루 종일 뉴스만 봤다. 아마 강의가 있지 않았다면 나는 계속 뉴스만 보고 있었을 것이다. 내가 강의를 들으러 가는 것처럼 프로야구도 했고, 사람들은 바쁘게 움직였고, 술을 먹고 떠들기도 했다. 모두에게 같은 시간이 주어지지만 그 시간은 같지 않았다. 배 안에서, 바다 속에서 그들이 마주했던 시간은 얼마나 깜깜했을까? 답답해 미쳐 버릴 것 같지만 어쨌든 살아 있는 나는 또 내 몫의 삶을 살아간다. 너무 답답하고 무섭고 미안한 오늘이다.

○

지하철 출구를 나오니 비가 내린다.
목적지까지 꽤 걸어야 하는데
비가 제법이다.
가는 길에 우산을 살까 하다가
아이들이 우는 것 같아,
어둠 속에 울고 있는 사람들 눈물인 것 같아,
모자를 푹 눌러 쓴 채 그냥 맞고 말았다.

○

해야 할 일이 관심사

○

내일부터 운동을 시작한다는 핑계로 술을 마신다.
사실 술을 마시고픈 이유가 생겼다.
밤은 오늘을 보내고 새로운 오늘로 넘어간다.
또 잠 못 들 것 같다.

○

코드(화성), 리듬(박자), 멜로디(음율) + 가사(언어)

네 가지를 음악의 요소라 하고, 악보에 쓸 수 있다.
하지만 음악으로 전달할 수 있는 것들을 모두 악보에
담을 수 있는가?

○

꽤 오래전 일이다.
우리 가족, ○○ 가족이 함께 △△△을 먹으러 간 적이 있다.
바닥이 드러날 정도로 국물까지 맛있게 먹고 있는데,
해물도 아닌 채소도 아닌 어떤 물체를 발견했다.

담배. 그것도 누군가 다 피우고 필터만 남은 꽁초.
주방장이 일부러 담배꽁초를 넣지는 않았을 테고,
담배를 피우며 요리를 하다가 떨어졌겠지.
이미 다 먹은 음식을 게울 수도 없었기에 큰 문제 없이 넘어갔다.

최근에 □□□를 먹다가 머리카락이 나왔다.
너나 할 것 없이 자기가 예전에 봤던 ☆의 길이와 굵기에 대해
이야기했다.
하지만 나는 담배꽁초 이야기를 하지 않았다.
이런 이야기가 나올 때는 꼭 뭔가를 먹고 있을 때고,
이미 머리카락에 기분이 상했는데 밥맛 떨어지는 이야기를
더하고 싶지 않기 때문이다.
그래서 나는 지금껏 담배꽁초가 나왔다는 이야기를 사람들에게
말한 적이 없다.

○

어른들은 젊은 사람들이 잘못하는 게 많다고 하지만
나는 세상을 지금과 같이 만든 건 어른들이고,
힘을 가지고 있으면서 잘못된 것들을 고치지 않는
어른들이 더 잘못이 많다고 생각한다.
나이가 들어 내가 어른이 되어도
나는 이 세상의 문제를 만든 건 어른들이라고 말을 할 것이다.
젊은 사람들에게 미안하다고 말을 할 것이고,
잘못한 것들, 그때는 잘못이 아니었지만 이제는 잘못이 된
것들을 같이 바꿔 나가자고 말을 할 것이다.
그리고 내가 더 많은 영향력과 힘을 가지고 할 수 있는 일을,
내 몫의 일을 하고 싶다.

○

한참 스마트폰으로 게임을 하다가 그만두고 고개를 돌렸더니
파리 한 마리가 벽에 붙어 있다.

징그럽고 불결한 놈.
순간, 그 파리가 엄청나게 큰 괴물처럼 보였다.
괜스레 으스스한 기분이 들어 탁 때려서 죽일까 하다가
싹싹 비는 모습을 보고 관세음보살이 내 안으로 들어와
그냥 살려 주었다.

파리는 방을 나가지 못하고 헤매고 있다.
정말 착한 파리일지 모른다.
방향을 잘못 들어 방으로 들어왔는지 모른다.
가족들과 친구가 애타게 찾고 있을지 모른다.

하지만 결국 파리 한 마리일 뿐이기도 하다.
그렇게 생을 마감하는 파리가 어디 한둘이랴.

○

윗사람이 되는 건 힘든 일이다.
그래도 잘못은 잘못이라고 말해야 한다.
알지 못하는 데서 나오는 말과 행동의 잘못은 분명하다.
어쨌든 잔소리꾼은 되지 말자.

○

내가 좋아하는 사람,
나를 아껴주는 사람들을 사랑하기 위해서
무엇보다 나 자신,
내 몸과 마음을 아껴야 한다.

○

사진 촬영이 직업이 아닌 사람들에게 사진은 즐겁고 기분 좋은 순간을 남기기 위해 존재한다. 카메라를 챙기는 것은 좋은 일이 있다는 뜻, 적어도 나쁜 일은 없다는 뜻이다. 사람들은 여행, 잔치, 맛집에 갈 때는 꼭 카메라를 챙긴다. 요즘은 스마트폰이 있어서 따로 카메라를 챙기지 않지만 어쨌든 기쁜 일, 기분 좋은 일이 있을 때는 꼭 사진을 찍는다. 반대로 슬픈 일, 나쁜 일이 있을 때는 절대 사진을 찍지 않는다. 장례식에 가면서 카메라를 챙기는 사람, 연인과 싸우던 중에 사진을 찍는 사람은 없다.

 세월이 흘러 예전에 찍은 사진을 보며 우리가 웃을 수 있는 것은 지난 시간에 대한 추억이나 동경으로만 설명할 수 없다. '이때가 좋았어'라고 말할 수 있는 것은 정말 그때가 좋았기 때문에, 우리의 인생에서 오직 좋았던 순간들만 사진으로 남아 있기 때문이다. 그러기에 지난 사진을 볼 때마다 우리가 늘 웃게 되는 게 아닐까?

○

막차를 타고 집에 가는 길.
도로 한복판에 수건이 떨어져 있다.
누가 쓰다 버린 건지
남루해 보이는 수건.
쌩쌩 자동차가 지나가면
잠시 꿈뻑할 뿐,
웅크린 채로 그 자리에 그대로
바닥에 딱 붙어있다.

샤워를 하고 방으로 들어가다가,
문득 그 수건이 생각나 컴퓨터를 켜고 일기를 쓴다.

○

아침에 집을 나서는데,
유치원에 가는지
남자 아이와 여자 아이가 다정히 손을 잡고 걷고 있다.
그 모습이 예뻐서 한참을 보았다.

○

인천아시안게임 크리켓 결승전을 봤다. 스리랑카 대 아프가니스탄. 결승전답게 경기장은 장사진을 이뤘다. 사실 무료였던 이유가 가장 크겠지만…

 응원단의 대부분은 스리랑카 사람들이었고, 아프가니스탄 사람은 많지 않았다. 그리고 대학생 서포터즈로 보이는 한국인 응원단이 꽤 자리를 차지하고 있었고, 나같이 호기심으로 찾은 사람들은 극소수였다. 우리 쪽 응원석에는 서포터즈들이 많이 앉았다. 그들은 수적 열세를 보이는 아프가니스탄을 응원했다. 그러자 스리랑카 사람들도 맞받아쳤다. 북을 치는 사람, 나팔을 부는 사람, 박자에 맞춰 구호를 외치는 사람, 서포터즈와 외국인들은 시끄럽기도 했지만 잘 어울리며 각자 팀을 응원했다.

 경기가 끝나갈 때쯤 –사실 나는 경기가 어떻게 진행되는지 잘 몰랐다– 우리 반대편 응원석에 경찰들이 들어왔다. 아프가니스탄 사람들이 있던 자리인데 그곳에서 스리랑카 사람들과 시비가 붙은 것이다. 경찰이 들이닥치자 양쪽의 응원단은 그후 조용히 경기만 관전했다.

경기는 스리랑카가 이겼다. 아시안게임 마지막 날, 스리랑카의 대회 첫 금메달이었다. 선수들이 얼싸안으며 기뻐했고, 동시에 스리랑카 응원단이 경기장으로 뛰어들었다. -나는 그때서야 경기가 끝난 것을 알았다- 그들은 너무 당연하다는 듯이 울타리를 넘어 경기장 가운데로 달려갔다. 선수들을 둘러싸고 승리의 기쁨을 함께 누렸다.

나는 거기서 해방감을 느꼈다. 경기장에 들어갈 수 없다는 규정 따위는 중요하지 않았다. -사실 그런 규정이 있는지는 모른다- 타국에서 생활하며 느낀 모든 것들에 대한 보상이었을까? 잔디밭을 달려가던 그 순간은 얼마나 달콤했을까?

문득, 2008 베이징올림픽 때, 잠실운동장에서 대형화면으로 야구 결승전을 봤던 기억이 났다. 우리나라가 금메달을 따자 사람들은 열광했고 하나둘 태극기를 들고 경기장으로 뛰어들었다. 곧 안전요원들이 들어와 제재했지만, 운동장을 달리는 사람들은 더 많아져 통제할 수 없었다. 그렇게 기뻤는데, 나도 미친 척 한번 달려 볼 걸 그랬다.

○

집 근처 아이스크림 가게에서 거스름돈을 받는 순간,
냉장고에 아이스크림이 있는 게 떠올랐다.
그때, 정말 짧은 찰나에
'여기서 사 먹지 말고, 집에 가서 먹을까?'라는 생각이 들었다.
그러나 나는 그냥 아이스크림을 샀다.
나는 아이스크림을 '지금' 먹고 싶었다.

○

얼핏 봤는데, 거미였다.
운전을 하다가 뭔가 움직이는 것 같아 돌아보니,
창문이 닫히는 틈으로 몸통이 손톱만한 거미가 있었다.
차를 멈출 수가 없어 달리는 상황에 이만저만 신경이
쓰이는 게 아니었다.
조금씩 움직이는 것도 느껴졌다.
창문을 조금 열었더니 바람을 느끼는지 꼼짝 않고 있었다.
결국 도착해서 잔디에다 거미를 옮겨 주었다.
그러고 나서 생각하니,
스파이더맨이 될 기회를 놓친 것은 아닌가 싶었다.

○

2004년에 발사한 로켓이 혜성에 도착했다. 11년 만에 프로젝트가 성공한 것도 대단했지만 그전의 많은 준비와 성공까지의 기간을 기다린 것이 더 대단하다는 생각이 든다.

일본 요코하마시는 1970년대에 이미 도시 발전 100년 계획을 세웠다고 한다. 그래서 누가 시장이 되든 도시 개발 담당자는 늘 같은 일을 하며 은퇴 후에도 계속 일에 참여한다고 한다.

교육은 백년지대계라고 말하지만, 우리나라에서는 4~5년 안에 정책의 성과가 나와야 한다. 선거에 따라 단체장이 바뀌면, 정책의 방향과 속도가 바뀌고 담당자도 바뀐다.

수능 날, 갑자기 그런 생각이 든다. 단 한번의 시험이 인생의 전부인 것처럼 만들어버린 대한민국 교육의 문제, ○○년 전 내가 느꼈던 불안을 후배들은 느끼지 않기를 바라지만 지금도 그때랑 크게 달라진 게 없는 것 같다.

오랜만에 석촌호수를 한 바퀴 돌며 산책했다.
초겨울의 쌀쌀한 바람도 아무렇지 않다는 듯
따듯한 햇살이 등을 데웠다.

많은 사람들이 러버덕을 보려고 석촌호수를 찾았다.
즐겁게 웃는 사람들, 재잘거리는 소리.

바로 뒤편에는 제2롯데월드타워 공사가 한창이었다.
오르내리는 철 자재, 쿵쾅거리는 소리.

나는 지금 이질적인 두 풍경과 소리 사이에 서 있다.
가벼움과 무거움, 휴식과 업무, 높은 빌딩과 넓은 호수,
..., 불안과 행복.
그 사이? 경계선 위? 아니면 교집합?

러버덕을 보러 온 사람들이 480만 명이라 하고,
덕분에 제2롯데월드 방문객도 360만 명이 넘는다고 한다.

누군가에게는 불안이 불안이 아닐 수 있고,
누군가에게는 행복이 행복이 아닐 수 있다.

러버덕을 보다가, 또 제2롯데월드를 보다가,
내 앞에 서 있던 예쁜 나무를 못 볼 뻔했다.
말라 버린 껍질과 앙상한 가지뿐이었지만,
봄이면 잎을 두르고 꽃을 피우겠지.
다음번에는 이 나무를 보러 여기에 와야겠다.

○

○○○○년, 고등학교 때 처음으로 용돈을 모아 L의 콘서트에 갔다. 라이브 앨범으로 수없이 들었던 노래들을 따라 불렀고, 그때, 현장의 감동은 음반에 담기지 않는다는 것을 확실히 알았다. 앙코르만 거의 1시간 가까이 하며 관객을 집에 보내지 않았는데 나는 지하철이 끊기기 전에 나와야 해서 끝까지 있지는 못했다. 그 공연은 학창시절의 가장 좋은 추억이자 즐거운 에너지를 받았던 순간으로 인생에서 잊을 수 없는 경험이 되었다.

그리고 오늘 다시 L의 콘서트에 갔다. △△년 전 처음 보았던 L은 훨씬 멋진 사람이 되어 있었다. 콘서트 시간은 줄고 앙코르도 두 곡밖에 하지 않았지만, 무대에서 보여 주는 열정과 젊음은 그 아쉬움을 채우고도 넘쳤다. 그가 내게 말했다. 날 따라와 보라고..., 나 멋있지 않냐고... 젊게 늙자는 말, 여러분의 환상이 되고 싶다는 말, 일상에서는 아파하는 사람들과 함께 하겠다는 말이 가슴을 울렸다. 문득 △△년 전 공연장으로 돌아갔고, 그때 '만약 내가 가수가 된다면 L처럼 되고 싶다'고 생각했던 게 떠올랐다.

가수가 되지는 못했지만, 멋있게 살아야겠다.

○

문득 중학교 때 쯤의 일이 떠올랐다.
거의 ○○년 전으로 돌아가 보며
그때와 지금의 나는 무엇이 달라졌는지 생각해 보았다.

많은 게 달라졌다.
많은 게 달라지지 않았다.
바람이 불었지만 차지 않았다.
날은 따뜻했지만 해는 일찍 떨어졌다.

그래, 나오길 잘 했다.

○

뒹굴구르르르
뒹굴뒹골

지그시 감은 눈은 공기를 닮았다.
손가락은 시간을 따라 흐를 뿐이었다.
기타는 살아, 숨을 쉬었다.

○

'전염병 주식회사'라는 게임이 있다.
전염병을 전 세계에 퍼뜨려 모든 사람들을 감염시키고,
사망률이 100%가 되면 승리하는 게임이다.
바이러스의 시선으로 진행되는 방식이 신선하고
재미있어서 한동안 그 게임을 많이 했다.

메르스. 세 글자에 대한민국은 패닉에 빠졌다.
"누군가 현실에서 메르스라는 바이러스를 만들어
게임을 하고 있는 건 아닐까?"
현실의 공포 앞에서 황당한 상상을 하게 된다.

점점 무서워진다.
게임이라면, 그냥 꺼 버리면 될 텐데...

○

"시작했으면 마무리도 해야지!
언제나 마무리가 더 어렵긴 하지만…"

3년 전 이맘 때쯤,
이 사진과 함께 ○○에 남긴 글이다.

하고 싶은 일이 생겼고,
그 일을 꼭 하겠다는 다짐으로 썼었는데,
결국 지난 3년간 그 일을 하지 못했다.
그리고 이제야 다시 그 어려운 '마무리'를 하려고 한다.

뚜벅뚜벅 걷고,
이곳저곳 기웃대고,
구비구비 돌아오느라,
조금 시간이 오래 걸렸을 뿐,
내 바람은 늘 같은 곳으로 흘러가고 있다.

○

사람이 살아가는 데 필수적인 세 가지를 '의식주'라고 한다. 의식주는 옷, 밥, 집을 말한다. 그런데 의식주 세 가지 중에서도 가장 중요한 것을 꼽으라고 하면 아마 사람마다 다 다를 것이다. 어떤 사람은 '식의주'로 바꿔야 한다고 할 정도로 먹는 것이 가장 중요하다고 하고, 어떤 사람은 집이 제일 중요하다고 한다. 하지만 나는 '옷'이 가장 중요하며, '의식주'에서 '의'가 앞에 놓인 이유가 있을 것이라고 생각한다. 맛있는 음식 사진을 찍어 자랑하는 게 일상의 기쁨이고, 열심히 일해서 내 집을 장만하는 게 평생 소원인 우리 삶에서 어떻게 옷이 가장 중요할 수 있을까?

 우리 사회에서는 '옷=fashion'이라는 잘못된 개념으로 옷을 대하고 있다는 게 내 생각이다. 흔히 우리가 '옷을 잘 입는다, 못 입는다'라고 하는 말은 옷에 관심이 많고 유행을 따르는 '패션fahion'에 가깝다. 하지만 실제로 우리가 입는 옷은 'clothes'다. 이런 개념의 혼동이 옷을 너무 당연한 것으로, 또는 옷에 관심을 갖는 것을 불필요하거나 사치로 느끼게 하는 것이 아닐까?

삶에서 옷이 가장 중요한 이유는 옷이 사람을 다른 생명체와 다른 사회적 존재로 만들어 주기 때문이다. 몸의 중요한 부위를 가리는 것은 사람이 부끄러움을 아는 일이고, 다른 사람과 관계를 맺기 위한 가장 기본적인 행위다. 밥을 제때 먹지 못하거나 생활할 집이 없어도 살아갈 수 있지만, 옷을 입지 않은 사람을 구성원으로 참여시키는 사회는 없다. 길가에 노숙인을 보고 우리가 불쾌감을 느끼거나 동정심이 생기는 이유는 그가 입은 허름한 옷 때문이다. 그 사람이 방금 전 정말 배부르게 식사했을 수도 있고, 알고 보니 으리으리한 집을 가진 사람일 수도 있다. 하지만 우리는 그의 초라한 행색을 보고 저 사람은 밥도 못 먹었을 것이고 집도 없을 것이라 짐작하는 것이다.

시간, 장소, 상황에 맞게 자신이 어떤 옷을 입어야 할지 아는 것은 매우 중요하다. 내가 언제 어디에서 무엇을 하든 그 전의 옷을 입는 과정을 통해 내 몸을 보고, 내 마음을 보고, 나를 가꾸는 시간을 가질 수 있는 것이다. '옷은 나이로 입는다', '옷이 날개다'라는 속담은 사회의 구성원으로서 우리가 옷을 어떻게 바라봐야 하는지 잘 알려 준다. '옷'은 사람으로서 살아가는 삶의 시작점이다.

○

카페가 없었을 때는 어디 갔었지?
싶을 정도로 카페에 자주 간다.

○

부모님이 축구 경기장에서 공연을 보고 오셨다.

한 분이 말씀하셨다.
"공연장에서는 TV 화면처럼 자세히 볼 수 없지."

그러자 한 분이 다르게 말씀하셨다.
"아니지, TV로 보면 오히려 자세히 볼 수 없지."

'자세히'는 '사소한 부분까지 아주 구체적이고 분명히'
라는 뜻이다.

○

"Back to the Future Day"

30년 전 영화는 30년 후의 미래를 그렸고,
많은 것들이 실현되었다.
미래를 꿈꾸는 사람들은 그렇게 미래를 만들어 간다.

나는, 우리는 어떤 내일을 그리고 있는가?

○

'좋아하는 일을 할 수 있는 것'과
'좋아하는 일을 하는 것'은 다르다.

두렵고, 무서웠을 것이다.
수없이 망설이고 헤맸을 것이다.

그래도 '했다'는 그 사실,
그것이 우리를 살아가게 한다.

○

고장난 지 1년 넘게 두었던 시계를 고쳤다.
떨어진 전선을 납땜해서 붙이고,
바늘을 맞추고 새 건전지를 넣었다.

알람이 울린다. 삐삐-

○

똥이 더러워서 피하지 무서워서 피하냐고 하지만,
나는 똥이 무서워서 피한다.

더러운 것은 씻어 내면 그만이지만,
찰나라도 똥을 보면 머릿속이 온통 똥으로 가득 찬다.

나는 그게 겁이 난다.
그래서 나는 똥을 피한다.

○

일본인 세 명이 서점에서 사전을 고르고 있었다.
그때 어떤 아저씨가 그들에게 영어로 말을 걸었고,
그들이 영어를 알아듣자 신나서 갑자기 떠들기 시작했다.
"디스 딕셔너리 이즈 라지, 라지 사이즈, 포 프로페셔널..."
그렇게 한참 설명하다가 할말이 떨어졌는지
잠시 침묵하더니,
갑자기 "두 유 노우 강남스타일?"하며 말춤을 췄고,
일본인들은 그저 웃어줬다.

○

할머니가 만 원 짜리를 건네며 말한다.
"이거 언니랑 나눠서 써~"

어린 손녀가 지폐를 받으며 물어본다.
"가위로 잘라?"

○

친구가 결혼했다.
우리는 결혼식장에서 밥을 먹고 근처 카페에서 한참 수다를 떨었다.
저녁을 먹기에 이른 시간이었지만 배가 고파서 자리를 떴다.

술집에서 저녁밥과 술을 한번에 해결했다.
그곳에서도 신나게 떠들었다.
조금 더 마시려고 하니까 주인은 곧 문을 닫는다고 했다.
그때가 8시였다.
많이 사 주는 손님이지만 너무 시끄러워서
그만 내보내고 싶었을 것이다.

우리는 치킨집으로 자리를 옮겨 또 한참을 떠들고
노래를 부르고 집에 갔다.

무슨 할 이야기가 그렇게 많았던 건지...
하나도 기억나지 않는다.

○

산 근처 동네로 이사 와서 가장 좋은 점은
맑은 날 별을 볼 수 있다는 것이다.

집에 돌아오는 길에 고개를 들어
북두칠성과 카시오페아를 찾고
그 중간쯤에 있는 북극성을 찾아본다.

계절이 바뀌니
이쪽에 있던 별들이
저쪽에 가 있다.

인간은 망원경을 만들었고
아주 멀리 있는 별까지 볼 수 있게 됐지만
공장을 짓고 도시에 모여 살면서
눈으로 볼 수 있는 가까운 별을 보지 못하게 되었다.

자리를 바꾼 별을 한참 바라보다가
지구가 돈다는 것을 경험으로 깨닫는다.

지구는 돌고 있다.
나도 돌고 있다.

○

유력 정치인들의 역대 선거 벽보를 봤다.
신인 시절부터 지금까지 모습을 사진으로 확인할 수 있었다.

포스터를 보면서 신기하기도 하고 재미있기도 했던 것은
후보들의 헤어스타일이 5~6장의 사진에서,
20여 년쯤 되는 시간 동안 한 번도 바뀌지 않았다는 것이다.

가장 잘 어울린다고 생각하는 이미지를 유지하려는 것인지,
아니면 헤어스타일을 바꾸는 데 관심이 없는 사람들만
정치를 하는 것인지, 잘 모르겠다.

○

배고플 때 생각하면
아무거나 먹게 된다.

○

○년 만에 마시는 술이 목구멍을 타고 들어간다.
오랜만인데 따갑지 않다.

하지만 나는 곧 뜨거워졌다.
그 뜨거운 것을 다 쏟아내고 나서야, 나는 알았다.

나는 살아 있었다.

○

아프다.
아프다는 건 살아 있다는 거다.

우리의 주먹질과 발길질은 서로를 향했다.
난데없는 싸움이었다.

사실 뺨을 갈기고 발로 궁둥이를 후려갈기고 싶은,
그런 사람은 따로 있다는 걸 알면서도,
우리는 서로에게 괜한 짓을 하고 있었다.

○

남자든 여자든
나이가 많든 적든
누구나 소중한 존재이다.

무엇에, 또 자신의 일에 미쳐 열정을 바치는 사람,
사람들은 그런 사람에게 환호하지만
돈도 지위도 권력도 예술도, 그 무엇도
사람보다 위에 올려놓을 수는 없다.

사람에 치이는 날이다.
어느 누구도 누구에게 뭐라 할 수 없다.

○

우리는 왜 장례식장에서만 만나냐?

○

집에 가는 길에 달이 너무 크고 예뻐서
도착하자마자 사진기를 들고 다시 밖으로 나왔다.

그런데 아까 내가 봤던 곳에 있어야 할 달이 보이지 않았다.
20분 정도만에 달은 도망가 버렸다.
사진을 찍히기 부끄러워서 숨었나 보다.

○

낮에 나무의 초록을 본다.
싱그럽고 푸르른 생명은 언제 봐도 기분이 좋다.

밤에 나무는 초록이 아니다.
가로등 불빛을 쬐고 있는 나뭇잎과 줄기는
플래시를 터뜨려 찍은 사진처럼 인위적이다.

밤의 나무는 어둠이다.
그래서 밤에는 나무의 그림자를 본다.
바닥과 벽에 걸린 검은 나무를 본다.
바람을 따라 살랑살랑 춤추는 선과 면을 본다.

○

버스에 텀블러를 놓고 내렸다.
개인 컵을 쓰겠다고 얼마 전에 산 텀블러였다.

피곤하고 귀찮아서 그냥 다시 사자는 생각이 들었다가
제대로 실천도 못 하고 또 사는 게 낭비로 느껴졌고
이런 마음으로는 계속 새로 살 것만 같아서
찾기로 마음을 먹었다.

버스 기사님에게 전화했고,
기사님은 돌아가는 길을 난감해하셨다.
나는 직접 찾으러 가겠다고 말씀드렸고,
광화문에서 내렸던 나는 잠실 탄천의 굴다리 밑에 있는
버스 회사 쉼터에 가서 텀블러를 찾아 왔다.

○

어미로 보이는 쥐가 자기 새끼를 물고 가는 뱀과 싸운다. 어미 쥐는 뱀의 꼬리를 덮치고 깨무는 등 쉴 새 없이 공격한다. 결국 뱀은 입에 물고 있던 새끼 쥐를 뱉어 버리고 도망간다.

동영상이 첨부된 이 기사에는 '엄마는 강하다', '위대한 모성애' 같은 제목이 붙었고, 비슷한 내용의 댓글이 달렸다. 쥐가 암컷인지 정확히 알 수도 없는데 너무 섣부른 표현이 아닐까?

그리고 왜 뱀의 입장에서는 이 장면을 바라보지 않는 걸까? 먹을 것을 구하러 나가서 새끼 쥐 하나도 잡아오지 못하는 남편의 무능함을 꼬집는 내용의 댓글은 하나도 없었다. 물론 뱀이 수컷인지도 정확히 알 수는 없다.

○

너에게 내가 어려 보이는 건 네가 어리기 때문이다.
당신에게 제가 어려 보이는 것은 당신이 어리기 때문입니다.

○

두시간 반을 기다려서 ○○○를 먹으면
정말 맛있을 것 같다.

○

금남, 금녀의 벽은 많이 무너졌지만,
남초, 여초 현상은 더 심해진 것 같다.

○

내가 해도 되는 일인지...
내가 할 수 있는 일인지...

늘 내가 판단하지는 않는 것 같다.

○

긴박한 상황에 택시를 탈 수밖에 없었고,
택시 안에서 컴퓨터를 켤 수밖에 없었다.

한참 운전만 하던 기사가 룸미러로 나를 슬쩍슬쩍 보더니,
"컴퓨터 관련 일을 하시나 봐요?"라고 물었다.
"아, 아니요."
짧은 대답에 더이상 대화는 이어지지 않았다.

말할 걸 그랬다.
"컴퓨터로 일할 뿐이지 컴퓨터에 대해서는 잘 몰라요."

그럼 이런 대답이 돌아왔을까?
"제가 차를 운전할 뿐 차에 대해서는 잘 모르는 거랑 똑같네요."

한숨 돌리고 나니까,
뒤늦게 괜히 미안한 마음이 들어
혼자 소설을 써 본다.

○

용량이 큰 영상 파일 여러 개를 이메일로 받았다.

참 좋은 세상이구나... 싶다가,
참 힘든 세상이구나... 싶었다.

○

비행기를 타려는데 사람이 많아 줄이 멈추었다.
마침 내 앞에 있던 승무원이 나에게 묻는다.

"어디에 갔어요? ○○에 갔어요?"
"네. 날씨가 정말 좋아서 잘 보고 왔어요."
"삼대가 덕을 쌓아야 ○○를 볼 수 있대요."

○○에 가기 전에도, 가서도 수없이 들었던 말이었다.
정작 ○○를 볼 때는 생각만큼 감동하진 못했다.

줄이 줄어들어 다시 계단을 올랐다.
살짝 바람이 불었고,
순간, 숨을 따라서, ○○가 훅 들어왔다.

○

더웠다.
한여름의 더위보다 더 뜨거운 두 글자가 내 귀를 찔렀다.
흐르는 땀만큼이나 눈물이 쏟아졌다.
아무도 없었지만 누가 있었더라도 우는 것을 이상하게 보지 않을 곳이었다.

○

안 되는 날은 뭘 해도 안 된다.

짜증내도 안 되고, 좋아해도 안 된다.
그냥 뭘 하면 안 된다.

○

소주는 싱겁고,
쏘수는 쓰나.

○

앞을 보고 걸어야 한다.
아래를 보고 걸어야 한다.
위를 보고 걸어야 한다.
옆을 보고 걸어야 한다.
뒤를 보고 걸어야 한다.

○

'힘들다'는 말보다 더
무겁게 모든 것을 내려놓는 말은
'어쩔 수 없다'는 말이다.

○

아무도 모르고 어떤지도 모르지만 오늘도 가고 있는 길

○

끝이 없는 고구마 줄기를 캐듯 사람들이 엮여 나온다.
도대체 이게 무슨 일인지 화도 나고 한숨도 나다가도
참 대단한 세상에서 살고 있다고 느끼는 요즘이다.

올 여름이 얼마나 더웠는지 벌써 잊어버린, 11월.
나는 옷장에 깊이 넣어 두었던 겨울 점퍼를 꺼낸다.

더워도 추워도,
기가 막히고 답답해도,
우리는 산다.

○

어제보다 나은 오늘을 만들지 못한 사람이 말하는 내일은
희망처럼 눈부시게 밝은 절망일 뿐이다.

○

핫하다는 곳도
쿨하다는 것도

내가 미지근한 사람이라 그런지
그저 그렇더라.

○

아무것도 써 있지 않다고 해서,
아무 일도 하지 않은 것은 아니다.

○

하기 싫은 일은 조금씩이라도 미리 해 놓자.
그러지 않으면 나중에 정말 하기 싫게 된다.

○

"나이 먹는다는 것에 대해 아무 생각이 없었는데,
십대가 끝나는 것은 싫어. 계속 십대로 살고 싶다."

교복을 입은 아이가 뱉은 말이 귀에 꽂힌다.
나도 그랬나? 생각해 본다.

나는 나이를 먹으면서 시간이 끝나는 것이 싫었던 적이 없었다.
계속 지금의 나이로 살고 싶다는 생각 같은 건
십대와 이십대 때도 없었고, 지금도 없다.

○

○○년대 노래를 잔뜩 부르고도 30분이 남았다.
남자 넷이 둘러 앉아 느닷없이 진지한 이야기가 오간다.

소파에는 담배를 비벼 끈 구멍이 뚫려 있다.
우리는 그때 담배를 피웠던 사람들은 절대로 하지 않았을
이야기로 구멍을 하나하나 메웠다.

○

지난 2년은 내 삶의 많은 것을 바꾸는 시간이었다.
'없어도 되는 것'을 버리는 시간이었다.

그렇게 내 삶에 붙어 있던 쓸데없는 것들을 떼어 내 보니,
몸무게도 마음 무게도 많이 줄이고 보니,
삶이 가벼워졌다.
나 하나 살아가는 데 많은 에너지가 필요하지 않다는 것을 알았다.

앞으로도 이렇게 가볍게 살 것이다.
이것이 내일의 두려움을 오늘을 살아내는 용기로 바꾸는 첫걸음이다.

○

골목길을 걷다가 고개를 돌리니
발레 교습소.
처음 보는, 낯선 느낌이 반갑다.

○

하려던 대로 되지 않는 날은
되는 대로 해야 한다.

○

잠들지 못하는 건 늦은 시간에 마신
커피 때문이라고 핑계를 댄다.
커피를 마시던 그때와 같은
즐거운 이야기라면 좋겠지만
가슴속 깊은 곳에 있는
꺼내지 못하고 있는 수많은 말을
소리로 뱉어내지 못하고 있는 탓이다.

○

인간이 동물과 다른 점은 '생존'과 '번식'이라는 자연의 순리를 따르면서도 한편으로 그것을 거부하거나 초월하는 '인간만의 사회'를 만들어 냈다는 데 있다. 만약 인간이 정말 지구에서 '위대한 존재'라면, 여기에 동의한다면, 우리는 자연의 진리와 사회의 정의를 잘 조화시킨 좋은 세상을 만들 수 있고 그래야 할 것이다. 이것이 내가 '사회는 정글이다', '강자가 약자를 잡아먹는 것은 당연하다'라는 의견에 동의할 수 없는 이유다.

○

꿈을 꾸었다.
무척 무서웠는데 한나절이 지나니까 잘 기억나지 않는다.
시간이 좀 지나면 잘 기억도 나지 않을 텐데
뭐가 그렇게 무서운 거냐?

○

오늘의 일상이 역사를 만들고
오늘의 이상이 전설을 만든다.

○

카페가 시끄럽다.
건설사와 입주민들이 '의견을 말하고 듣는 중'이다.

층이 높아서 집이 다 보인다는 둥,
나무를 자르자 그러지 말자,
여러 말이 오고 간다.

옆자리에 앉은, 나만
질린다. 지친다.

○

'생로병사(生老病死)' 네 글자로 우리의 삶은 요약된다. 모든 생명은 태어나서 늙고 병들어 죽는다. 이 삶의 시작부터 끝까지 행복은 없다. 태어나는 것은 축복이지 않냐고 물을 수 있겠지만 정확히 이야기하면 그것은 부모와 주변 사람들의 행복이지, 나의 행복은 아니다. 태어나는 순간에 자신이 정말 행복했다고 기억하는 사람은 없다. 자연이 우리에게 준 행복, 즉 생물로서의 행복은 -나는 이것마저 '불행'이라고 생각하지만- '생존'과 '번식'을 위한 행위, 즉 먹는 행위와 짝을 짓는 행위뿐이다. 생명은 영원한 삶을 위해 생존과 번식 행위를 짜릿한 쾌락으로 만들었다. 역설적이게도 고통뿐인 삶을 오래도록 이어나가는 행위만이 우리에게 행복을 주는 것이다. 그러나 이 둘은 찰나의 행복일 뿐, 그 과정은 고통스럽다. 의식주를 확보하는 일은 우리를 불행하게 만들었고, 그것은 현대를 살아가는 우리에게도 여전히 유효하다. -이것이 내가 생존과 번식을 고통이라고 생각하는 이유다. 모두들 잘 알 것이라 생각하기에 짝을 짓는 행위에 대해서는 더 이야기하지 않겠다-

태어나서 죽는 일이 고통뿐이라는 것을 깨달은 인류는 두 가지 쾌락 외의 '행복'을 만들어 왔다. 예술-기술, 종교, 지식 축적 등의 활동을 통해 인간은 기쁨을 느꼈다. 낮과 밤이 바뀌고, 하늘과 땅의 위치가 달라질 때마다, 인생의 단계 단계마다 함께 기뻐하거나 슬픔을 덜어내는 행사를 만들었고 그것은 정교하게 짜여져 '문화'로 발전했다.

 그러나 문화는 모든 사람에게 행복을 가져다 주지 못했다. 문화는 그것을 누릴 수 있는 사람과 그럴 수 없는 사람을 가른다. 기술 발전에 따라 더 빠르게 더 많은 사람들이 문화를 누리고 있지만 속도를 따라가지 못한 많은 사람들은 곧 패자로 분류된다. 문화를 가진 사람과 그렇지 못한 사람으로 '우리'는 '그들'과 갈라졌다.

 인간은 이미 '충분한 의식주'를 갖고 있으면서도 행복하지 못하다. 시시각각 변하는 세상에 대응할 '충분한 문화'를 갖고 있으면서도 행복하지 못하다. 더 오래 살게 되면서 의식주를 완벽히 대비하는 일은 더 힘들어졌고, 더 짧아진 세상의 변화를 모두 받아들이는 게 더 버거워졌다. 그렇게 살면 '행복'할 수 있다고 믿었던 일들의 과정과 결과는 결국 '행복한 척'으로 드러나 버렸다.

○

겁을 먹고 포기하거나 도망쳐 온 사람들이 하는 말이라고는
오로지 먹고 사는 것에 대한 이야기뿐이다.

○

내가 사자라서 사슴을 잡아먹는 게 당연하더라도.

아무리 배가 고파도 어린 사슴은 잡아먹지 않는 것,
어린 새끼와 함께 있는 엄마, 아빠를 잡아먹지 않는 것,
맛이 없더라도 늙은 사슴에 만족할 줄 아는 것,

그것이 우리가 함께 사는 데 필요한 용기가 아닐까?

○

슈퍼 보울Super Bowl 하프 타임 쇼Halftime Show 동영상을 찾아봤다.

환상의 호흡을 보여 준 비욘세Beyonce와 브루노 마스Bruno Mars,
내리는 비를 보랏빛으로 물들인 프린스Prince,
무대에 올라 1분이 넘도록 꿈쩍도 않는 마이클 잭슨Michael Jackson,
스타들의 멋진 모습에 감탄하고 또 감탄했다.

그들이 더 멋져 보인 것은 화려한 무대에서
인권과 사랑과 평화의 메시지를 전했기 때문이다.

슈퍼 보울은 가장 비싼 TV광고비로 주목을 받곤 한다.
자본의 꽃이라는 광고, 슈퍼 보울 광고는 꽃 중의 꽃이다.
그런 자리이기에 스타들이 전하는 메시지가 더욱 특별했다.

동영상을 보다가 문득,
어쩌면 세상의 불평등과 불공정을 말하는 것조차
'가장 예쁜 꽃을 든 사람만 할 수 있는 말이 아닐까?'라는 생각이
들었다.
잠깐이나마 그런 것 같아서,
조금, 아주 조금 힘이 빠졌다.

○

우리는 별에서 태어나 별로 돌아간다.
빛으로 태어나 어둠으로 사라진다.

그 뿐이다.

○

작은 차이를 크게 보는 것.
그것이 예술-기술이다.

○

지하철 플랫폼 끝에 긴 벤치가 하나 놓여 있다.
기관사들이 교대하기 위해 앉아 있는 곳.
나도 그곳에 앉아 잠시 기관사가 되어 본다.
기다림이 달라진다.

○

호랑이는 죽어서 가죽을 남기고,
사람은 죽어서 이름을 남긴다고 한다.

호랑이는 온몸을 내어 주고 자연으로 돌아가지만
사람은 이름을 남기려고 에너지 순환의 고리를 끊고
자연으로 돌아가지 않는다.

나는 이름 같은 거 없이 살다가
죽어서 가죽을 남기는 일이 더 훌륭하다고 생각한다.

호랑이처럼 살고 죽고 싶다.

○

낯선 동네에 들어선다.
내가 이곳에서 태어났다면 익숙했을
풍경이라고 생각하니, 그리 낯설지 않다.

○

몇 년을 다닌 미용실이 있다.
그곳의 실장이 내 머리를 자른 적이 없었는데
최근 들어 그분이 내 머리를 몇 번 잘랐다.

동네에 젊은 사람들이 다 떠나고
요즘 너무 어렵고 장사가 안 된다는 둥,
머리를 자르는 동안 실장은 이런저런 푸념을 늘어놓았다.

그는 나에게 사장님이라고, 또 선생님이라고도 불렀는데
하는 말을 가만히 듣고 있자니 나를 잘 알고 있는 것 같았다.
그런데 그가 내 머리를 자른 적도 몇 번 없거니와
나는 그에게 단 한번도 내 이야기를 한 적이 없었다.

이발을 마치고 나오며 생각해 보니,
아무래도 그는 나와 동생을 헷갈린 것 같았다.
나는 내 동생과 전혀 닮지 않았다고 생각하는데…

피로는 속일 수 있을 것 같은데,
얼굴로는 못 속이나 보다.

○

슬픔에 좌우는 없다.
더 빨리 더 많이 눈물이 나는 눈은 있어도,
한쪽 눈에서만 눈물이 나는 사람은 없다.

○

네가 보고 싶어지는 날이다.
지난날의 일기를 보다가,
너랑 나누었던 메시지를 읽다가,
네가 보고 싶어지는 날이다.
집에 가려고 길을 나서니 비가 내린다.
비가 뚝뚝 내린다.
버스에 앉아서 네가 말하던 노래를 듣다가,
그 노래를 듣다가,
너를 듣는다.
버스에서 내려서 터덜터덜 걸으며
내리는 비를 맞다가,
그 비를 맞다가,
눈물이 난다.

○

아이들이 먹을 라면을 끓이며 콧노래를 흥얼거리던 아주머니는 잠시 후, 불어터진 라면을 빨리 먹으라며 아이들에게 고래고래 소리를 지르고 있었다.

○

1. 나의 시공간을 남에게 많이 뺏기지 않기
2. 하루의 1%, 15분 동안 몸을 바라보고 가꾸기
3. 배가 고파지기 전에 밥을 준비하고 천천히 먹기
4. 자기 전에 조명을 낮추고 너무 늦기 전에 잠 들기
5. 양손을 두루 쓰고 왼손으로 할 수 있는 일 늘리기

○

합리적인 인간은 없다.
합리화하는 인간만 있을 뿐.

○

술을 거하게 걸친 아저씨들이
호프집 앞에서 싸우고 있다.

나는 그 옆을 지나가며
○○ ○○ ○○ ○○○를 재생한다.

그러자 아저씨들이 갑자기 춤을 추기 시작한다.

○

스무 살에는 어른이 되고 싶어 술을 마셨고
서른 살에는 어른이 되고 싶어 술을 끊었다.

○

창밖에서 들어오는 아침 햇살이 따뜻하다.
가끔 머리를 빗고 싶을 때가 있는데,
빗소리가 듣고 싶을 때 그렇다.

○

내일 일찍 일어나기 위해서
오늘 일찍 자는 것은 준비이고,
오늘 일찍 일어난 것은 지혜이다.

○

생리식염수를 사려고 약국에 갔다.
약사가 가리킨 통은 1.5L짜리였다.
너무 많고 무거울 것 같아서 약사에게 물었다.

"이것보다 작은 것은 없어요?"
"네, 그것도 1,500원밖에 안 해요."

약사는 용량을 물어본 질문에 가격을 대답했고,
싸니까 사라는 말 같아서 그대로 약국을 나와 버렸다.

○

도시에서는 하루가 멀다 하고 사이렌 소리가 울린다.
그 날카로운 공기의 진동에 무감각해져야 하는 것이
도시에서 살아가는 방법이다.

○

책을 읽다 - 책을 보다
물을 마시다 - 물을 먹다

이런 단어의 사용이
행동의 감각과 개념을 바꿔 버린 게 아닐까?

○

글은 논리적이어야 멋있고,
말은 감각적이어야 맛있다.

○

진짜 좋은 나라라면 누가 대통령이 되든지 상관없이 행복한 삶을 살 수 있어야 할 것이다. 영웅을 기대하거나 영웅에게 기대지 않는 삶의 태도가 필요하다.

○

코끼리는 끼리끼리
호랑이는 호랑이랑

○

유리컵이 깨졌지만 쨍그렁 소리가 나지 않았다.
퍽하는 둔탁한 소리,

우리는 컵 안에 무엇이 들어 있는지
눈으로 보이는 것만을 말하지만
내용물에 따라 소리도 달라지는 것이다.

○

나는 가난하게 살 것이다
○

○○여 년 전쯤 시골 잔칫날,
동네 어른들이 한 꼬마 아이에게 묻는다.

"네 본관本貫이 어디냐?"
"△△입니다. 저는 '△△ □씨'입니다."

본관은 조상들이 살던 지방을 말한다.
증조曾祖, 고조高祖 같은 가까운 조상이 아니라,
수백 년에서 수천 년 전의 아주 먼 조상이 살았던 곳이다.

중국과 한국에서 사용하는 성씨姓氏는 상당수가 일치하는데,
중국과 다르게 한국은 성씨와 함께 본관을 표기하는 것이 특징이다.

한국의 본관과 비슷한 것으로 중국에는 군망郡望이 있었다.
원래 군망은 '하나의 군郡 단위 안의 망족望族: 명망이 있는 집안'을 말했다.
시간이 지나 귀족을 지칭하는 용어로 사용되면서
'하나의 군郡 단위 안에서 망족望族으로 활동했던 사람들의 후예'로
뜻이 달라졌다.

위진남북조 시대부터 당나라 말기까지 성행했던 군망은
송나라 이후로 중국 사회에서 의미를 갖지 못하며,
민간 풍속에서나 찾아볼 수 있는 역사 속 유물이 되었다.

현대 중국에서의 본관이란, 호적이 등재되어 있는 곳을 말하며
한국과 같은 본관 제도는 없다.

거리의 현수막이나 들려오는 대화에서
이따금씩 본관을 내세워 자신과 집안을 자랑하려는 사람들을 본다.

그래서 나도 '자랑스러운' 내 시조始祖가 살던 △△,
그때 그곳의 조상들과 풍경이 어땠을지 마음속으로나마
그려 보려고 하는데,

여행하면서 하루도 있지 못하고 잠깐 들렀던,
밤 늦게 찜질방을 찾아갔던 기억만 자꾸 떠올라서
그저 조상님께 죄송할 따름이다.

○

친구가 말했다.

미래가 불안하고
지금 행복하지 않으니까
자꾸 과거 이야기를 하는 거라고.

우리는 옛이야기를 하던 중이었다.

○

사진이란
나의 이상을 위해 카메라라는 도구로
대상의 일상, 그 시공을 도려내는 것.

그래서 카메라는 칼이다.
칼을 다루는 사람이 칼에 찔릴 때 아픔을 모른 채
마구 휘두른다면 안 될 것이다.

○

멋대로 사는 것은 멋있어야 가능한 일

○

부자들의 욕심.
가난한 사람들의 욕심.

둘의 크기는 크게 다르지 않다.

○

좋은 것에는 이유가 없다.
사람도 그렇다.

○

4차 산업 시대가 되면 사람은 기계와 경쟁해야 하고 사람의 가치는 줄어들 것이라고 한다. 알파고가 이세돌과의 바둑 시합에서 이긴 뒤부터 부쩍 이런 이야기가 더 많아진 것 같다. 미래를 대비해야한다는 목소리가 여기저기에서 들리지만 현재의 기술 수준을 보면 아직 크게 걱정할 단계는 아닌 것 같다. 물론, 세상을 뒤집을 만한 어떤 혁신이 또 언제 일어날지는 아무도 모르는 일이다.

 지금이야 사람들이 기계를 거부하고 두려워하지만 나는 언젠가 사람들이 스스로 기계가 될 것이라고 생각한다. 미국의 어느 IT기업이 직원들 몸속에 생체 칩을 심기로 했는데 85명 가운데 50명이 자진해서 선택했다고 한다. '겨우' 신용카드 없이 물건을 사고, 신분증 없이 출입문을 열거나 컴퓨터에 로그인하려고 말이다.

 조금씩 이런 일이 진행될 것이다. 작은 변화가 쌓여서 어느 순간 큰 변화가 일어날 거고, 그때에도 인류는 늘 그래왔듯이 앞선 세대가 자신과 다르게 살았다는 것을 모르고 스스로 자기 뇌에 칩을 꽂을 것이다. '겨우' 조금 더 빨리 날씨를 알아보거나 어제 갔던 식당 이름을 기억해 내려고 말이다.

○

아무것도 없다.
우리 사이에는.

당신은 도대체 어떻게,
우리 사이에 아무것도 없을 수 있냐고 묻겠지만.

○

아무것도 하지 않아도 배가 고프고 졸린 것.
그것이 살아있다는 것이다.

○

씨는 씨앗이다.

날씨는 날의 씨앗이다.
날씨는 하루의 싹을 틔운다.

글씨는 글의 씨앗이고,
말씨는 말의 씨앗이다.
예쁜 글씨에서 예쁜 글이 피고,
고운 말씨에서 고운 말이 맺는다.

마음씨는 마음을 틔우는 씨앗이고,
발씨는 길을 익히는 씨앗이며,
솜씨는 손으로 삶을 빚는 씨앗이다.

'이름 씨'는 이름의 씨앗이다.
우리는 누구의 '이름' 뒤에 '씨'를 붙여 부른다.
이름을 부를 때마다 여기저기 씨앗이 뿌려진다.

나와 가깝지 않은 사람이라도, 그 이름이
꽃으로 피고 열매를 맺기를 바라는 마음이다.

○

하늘이 어두워진다.
정오를 향해 가던 아침이 초저녁처럼
짙고 푸른 어스름으로 물든다.

공기가 차가워진다.
한여름의 땡볕 더위가 사라지고
가을 같은 선선한 바람이 살에 닿는다.

여기저기에서 참을 수 없는 탄성이 터져 나온다.
소리를 지른다. 모두,
너도, 나도.

○

인간이 어떻게 말을 하게 됐는지 정확히 모른다. 그저 아주 오래 전 어느 시점에 언어를 사용하게 됐고, 그 후부터 인간은 보고 경험한 것을 단어로 만들어 왔다. 이렇게 만들어진 단어는 인간의 시야, 인간의 시점을 벗어나지 못한다.

해돋이는 '해가 돋다', 해넘이는 '해가 넘다'는 뜻이다. 해는 지평선, 수평선, 산자락, 빌딩 뒤에서 돋았다가 반대편으로 넘어간다. 단어의 뜻대로라면 해가 지구를 돌고 있고 사람이 한 곳에서 해를 바라보는 느낌이다. 인간이 지구가 해를 돈다는 사실을 안 지도 꽤 오래 되었다. 비록 그 사실이 몸으로 잘 느껴지지는 않지만 대부분의 사람들은 태양계 행성의 움직임을 이해하고 있다. 그럼에도 인간은 여전히 지극히 인간 중심적인 단어를 사용하고 있다.

일식과 월식도 마찬가지다. '식'은 벌레가 잎을 갉아먹는 것처럼 해나 달이 어둠(달이나 지구 그림자)에 조금씩 가려지는 현상을 말한다. 일식과 월식은 지구-달-해가 잠시 직선상에서 나란히 위치하는 것이며, 지구의 어느 특정 지역에 있는 사람의 시점에서만 그렇게 보일 뿐이다.

오래 전에 인간이 만든 단어는 안타깝게도, 인류의 긴 역사에서 비교적 최근에 사실로 증명된 자연과 과학 법칙을 반영하지 못한다. 위에서 말한 해돋이, 해넘이, 일식, 월식 같은 단어가 대표적인 예다. 나는 이런 단어가 사람들의 인간 중심적인 사고를 강화하고, 사람들이 자연을 이해하거나 우주의 시점으로 상상하는 것을 제한하고 있다고 생각한다.

미래에 이런 단어는 과학적이고 객관적인 시점을 반영한 단어로 바뀔 것이다. 우주를 다녀온 사람들이 지금보다 훨씬 많아지고 사람들이 자유롭게 우주를 여행할 수 있게 되면, 인간은 해돋이, 해넘이, 일식, 월식을 대체할 새로운 단어가 필요할 것이다. 우주의 공간에서 보는 해와 달은 지구에서 보는 것과 완전히 다르고 현재 인간이 사용하는 단어로는 그 풍경을 제대로 표현할 수 없기 때문이다.

 그래서 나는 가끔 이런 단어를 어떤 단어로 바꾸면 좋을지 생각해 보곤 한다. 하지만 아무리 고민해 봐도 도저히 이런 단어를 대신할 다른 단어를 찾지 못하겠다. 나의 언어 능력이 부족한 탓이 크겠지만 무엇보다도, 해가 돋고 넘을 때마다 쏟아지는 붉은 빛으로 바림된 하늘과 어둠이 빛을 시나브로 갉아먹었다가 게워 내는 멋진 우주 쇼를 보고 있자면, 오직 지구에서만 보고 느낄 수 있는 우주적 체험, 그 아름다움에 눈이 멀어 버리기 때문이다.

○

예전에 열심히 했던,
소중했던 것들도 시간이 지나면 그다지.

○

녹차를 마신 후에 거름망에 눌러 붙은 찻잎처럼
개운함 뒤에 찾아오는 질펀함을 어떻게 해야 할까?

○

술을 마셔야 할 수 있는 말을 차를 마시면서 할 수 있는 사람,
차를 마셔야 할 수 있는 말을 안 할 수 있는 사람.

○

이제, 나는

남의 시선에 맞춰 사느라
눈치를 보지 않을 것이고,

마음으로 믿고 따를 수 없는 것을
몸으로 드러내지 않을 것이다.

○

낳아 주고,
길러 주고,
가르쳐 주고,

기다려 주고,
참아 주고,
져 주고.

○

신고리 5·6호기 건설이 재개되었다. 건설이 중단된 지 3달 만이다. 그 사이에 공론화위원회가 구성되고 시민참여단 500명이 선정되었다. 그들은 오리엔테이션과 2박 3일의 종합 토론회를 거쳐서 최종 의견을 모아 냈다.

대한민국 국민의 0.001%밖에 안 되는 사람들이 어떻게 국민을 대표할 수 있느냐, 당연히 계속했어야 할 것을 쓸데없는 논의를 한다고 공사를 중단해서 왜 예산을 낭비했느냐, 역시나 결과를 놓고 이런저런 말이 많다.

그래도 나는 이런 과정이 좋았다. 누구나 자신과 엮여 있는 정치적 사안에 관심을 갖고 참여할 만한 시간과 여유가 없을 것이다. 내가 직접 결정하거나 미처 관심을 갖지 못하더라도, 믿을 수 있고 따르고 싶은 보통의 사람들이 생겼다는 것, 나는 그게 참 좋았다.

○

올해 몇 번 밭에 나가서 일했다.
아는 사람이 시작한 밭농사를 구경할 겸해서 간 것이다.

밭에 갈 때마다 상추나 가지를 한 움큼 따 와서 반찬으로 먹었다.
땅콩은 어떻게 해야 할지 몰라서 며칠 말리다가 볶았더니 훌륭한 간식이 되었다.

오늘은 고구마를 캐러 왔다.
주먹만한 고구마가 줄줄이 따라 나오니 무척 신난다.

○

아나바다와 찐찌버거는 같다.
곤드레만드레와 에바 쎄바는 같다.

○

어느 한 장면으로 사람을 판단할 수 없지만
스쳐 지나가는, 다시 볼 일이 없을 것 같은 사람에게는
그 순간이 그 사람의 전부가 된다.

○

신이시여,
제가 바꿀 수 없는 것을 받아들일 평온을,
제가 바꿀 수 있는 것을 바꿀 용기를,
그 차이를 알아낼 지혜를 내리소서.

○

퇴계 이황(1501-1570)
율곡 이이(1536-1584)

두 사람이 처음 만난 것은 퇴계가 쉰 여덟 살, 율곡이 스물세 살 때였다. 율곡이 고향 도산에서 후학을 가르치고 있는 퇴계를 찾아갔고, 사흘을 머물며 시를 짓고 문답했다. 그 후로 둘은 편지를 주고받았다. 두 사람의 성리학 사상에는 큰 차이가 있었다. 세상을 바라보는 시선이 달랐던 두 사람은 이야기를 나눌수록 차이를 더욱 분명하게 확인하게 됐다. 진리와 신념에 대해 굽히지 않는 두 사람의 태도가 유학의 다양성을 낳았지만 다름이 조화롭게 만나지 못하며 갈등은 깊어졌다.

나는 이 이야기를 들으면서, 너무 늙었다거나 너무 어리다거나 하는 이유로 서로를 깔보지 않았던, 서른 다섯 살이라는 나이 차이에 상관없이 논쟁할 수 있었던 저 먼 옛날이 무척 부러워졌다.

○

나는 수학을 잘하지도 않았지만 못하지도 않았다.
문제를 풀면 느껴지는 희열을 좋아했다.

고등학교 때 문과를 선택하면서 수학과 멀어졌다.
여러 가지를 반영한 결정이었지만 들쭉날쭉한 수학 점수도
한 가지 이유였다.

수학을 공부할 때 진짜 '문제'는 복잡해 보이는 문제가 아니라
왜 이 문제를 풀어야 하는지에 대한 의문이었다.

다른 과목은 일상생활에 필요하기도 하고
이해한 것을 실제로 경험할 수 있었지만
수학은 숫자를 계산하고 답을 구하는 방법만 배울 뿐,
왜 그 답을 구해야 하는지는 모른 채 그냥 문제만 풀었다.

최근에 과학에 관심을 갖게 되면서
수학을 배우는 이유를 알게 되었다.
우리 일상의 곳곳에 수학이 있고,
특히 자연과 우주를 이해하는 데 수학적 사고가 필요하다.

학창 시절에, 이런 것을 이야기해 주는 수학 선생님은 없었다.
물론 하셨더라도
그때는 이해하지 못했을 수도 있겠지만.

○

최초의 영화로 기록되는 뤼미에르 형제의 〈열차의 도착〉(1895)
은 열차가 증기를 내뿜으며 역에 도착하고 사람들이 열차에서 내
리고 열차에 타는 내용이 전부다. 고정된 카메라로 1분 정도 촬영
된 이 영화를 본 관객들이 진짜로 기차가 들어오는 줄 알고 놀라
서 극장을 뛰쳐나갔다는 이야기는 유명하다. 지어낸 이야기라는
말도 있지만 어쨌든 그만큼 '움직이는 영상'은 사람들에게 큰 충격
을 줬다. 지금이야 겨우 기차가 움직이는 장면 따위를 보고 놀랄
사람은 없겠지만...

 나는 이 영화를 글이나 그림으로 표현하면 어떨지 생각해 본다.
어떤 훌륭한 작가가 영화의 내용을 글로 멋지게 묘사했다고 치자.
그것이 뛰어난 문학 작품이 될 수는 있어도 사람들은 그 글에서 영
화가 줬던 충격을 받지는 못할 것이다. 글을 읽고 해석하는 감각
과 움직이는 영상을 보는 감각은 다르기 때문에 내용을 제대로 전
달하는 것도 어려울 것이다. 또, 아무리 솜씨 좋은 작가가 그림으
로 담아낸다고 해도 그림은 정지된 한 순간일 뿐이다. 그 그림을
아무리 들여다봐도, 거기에 시간은 없다.

 영상은 글이 아니고, 그림도 아니다. 영상을 다르게 표현하는 순
간, 그것은 더이상 영상이 아니다. 그래서 영상을 볼 때는 글을 읽
을 때나 그림을 보고 느낄 때와 다른 감각과 방법이 필요하다. 그
것이 영상 문법이다. -영상 문법이라는 말을 좋아하지 않지만 대
체할 단어가 없어서 쓴다- 작가가 글을 쓸 때 알맞은 단어를 고르
고 문법을 지키듯이 영상을 만드는 사람도 이야기를 가장 잘 표
현할 수 있는 장면을 떠올리고 영상 문법에 따라 영상을 만든다.

영상을 만드는 사람들(주로 영화감독들)은 지난 100여 년 동안 이야기를 가장 잘 표현할 수 있는 장면을 만들기 위해 노력했고 그 결과 다양한 영상 문법이 만들어졌다. 감독은 장면에 공간과 시간을 펼쳐 놓고, 장면과 장면을 연결해 영상(영화)를 만든다. 감독이 숏shot에서 무엇을 전달하려고 하는지 알아내고, 컷cut과 컷이 마주칠 때의 리듬을 느낄 수 있다면 더욱 재미있게 영상(특히 영화)를 볼 수 있을 것이다. 더 나아가 문법이 뒤틀리고 파괴되는 장면이나 문법을 따르지 않고 제멋대로 만든 장면에 쾌감을 느낄 수도 있다.

 우리는 그동안 수없이 많은 영상을 봐 왔다. 우리는 이미 영상 문법을 알고 있다. 다만 어릴 때부터 들으면서 익힌 모국어로 자유롭게 말하고 쓰면서도 그 언어의 문법과 규칙에 대해서 정확한 용어로 설명할 수 없듯이, 저절로 알게 된 영상 문법이 무엇인지 모르고 있을 뿐이다.

 하루에도 셀 수 없을 정도의 영상 콘텐츠가 쏟아지고 있는 바야흐로 영상의 시대다. 하지만 확실히 옛날에 비해 숏과 컷 자체로 재미를 느낄 수 있는 영상은 점점 줄어들고 있는 것 같다. 영상을 만드는 사람들조차 별다른 고민 없이 자극적인 장면만 쫓고 있다. 구구절절 내용을 설명하는 별 의미 없는 대사, 시선을 뺏어 버리는 과한 자막, 뭘 표현하는지 모르겠고 그저 숨 가쁘게 넘어가기 바쁜 이미지와 텍스트, … 이것도 시대의 흐름이고 유행이겠지만 아쉬운 것은 어쩔 수 없다.

○

여름.
뜨거운 햇살에 땀이 범벅이다.
창문을 닫고 에어컨을 튼다.

겨울.
찬바람이 들어올까 창문을 닫는다.
건조하면 가습기를 틀면 된다.

며칠째 미세 먼지가 심하다.
창문을 열지 않으니 실내 공기가 탁하다.
이럴 땐 공기청정기를 틀면 된다.

방에서는
에어컨과 가습기와 공기청정기가 끊임없이 돌아간다.
날은 더 더워지고, 방은 더 건조해지고, 공기는 더 탁해진다.
괜찮다. 그러면 다시 에어컨과 가습기와 공기청정기를 틀면 된다.

창문을 열 필요가 없는, 창문도 마음대로 열지 못하는,
나는 그런 세상에서 살고 있다.

○

미세 먼지로 하늘이 뿌옇다.
검은 하늘마저 희게 보인다.
나는 마스크를 쓰고 집을 나선다.

지하철을 타고 한강을 건넌다.
사람들이 한강변 편의점 야외 벤치에 앉아서 뭔가를 먹고 있다.

친구들과 약속 장소는 실내 쇼핑몰이었다.
우리는 사람이 많아서 다른 곳으로 자리를 옮기기로 한다.
밖으로 나오니까 푸드트럭이 많이 있고
사람들이 음식을 사 먹으려고 길게 줄을 서 있다.

도심의 불빛은 먼지에 부딪혀 더욱 밝게 빛났다.
우리는 인적이 없는 뒷골목을 걸어서 어둠 속으로 들어갔다.

○

나는 지금의 청년 문제가
시대나 세대의 문제가 아니라고 생각한다.

닮고 싶은 어른이 없다는 것,
보고 배울 어른이 없다는 것,
내려 놓는 어른이 없다는 것,
꿈을 꾸는 어른이 없다는 것,

각자도생으로 살아온 어른들,
충분히 넉넉한데도 한숨뿐인 어른들,
그래도 좋았다는 옛날만 이야기하는 어른들,

지금 여기에, '어른'이 없다.

○

세상에는 문제들이 많다.
이 문제들은 방정식이다.

세상이 변한다고 하는 사람은 상수를 지우려고 하고,
그렇지 않다고 하는 사람은 변수만 따지려고 한다.

문제를 바라보는 관점이 다른 두 사람은
식을 미분하는 것으로 타협한다.
변수는 줄어들고, 상수는 없어진다.
골치 아픈 문제를 치워 버리는 가장 쉬운 해결책이다.

그러나 우리 모두 알고 있듯이
시간과 공간이 쌓여 세상을 이룬다.
그래서 세상이라는 문제를 풀 때 필요한 방법은
미분이 아니라 적분이다.

적분은 풀기 어렵기 때문에
수학 시험에서도 답을 알 수 있는 문제만 출제된다.

그래서 어느 누구도
세상의 문제들을 풀어내지 못한다.

○

또, 지구가 태양을 한 바퀴 돌았다.
물론 1년을 365일로 치면 한 바퀴에 닿지 않기에
인간은 그 모자람을 채우려고 4년마다 한 번 하루를 늘린다.

처음부터 모자라게 만든 것도,
4년이나 지나서야 채우는 것도,
애초에 무한하고 영원한 시간을 쪼개어 놓은 것도,

인간이 모자라기 때문이고,
인간이 오만하기 때문이다.

○

관계가 어긋날 때면 청소를 한다.
그리고 샤워를 한다.

터져 버릴 듯이 쌓여 왔던 것들,
그 먼지라도 털어내려는 몸부림이다.

○

음악 선생님은 ○○로 때렸고,
체육 선생님은 △△△로 때렸고,
국어 선생님은 말로 때렸다.

그렇게 악기를 소중히 다루지 않는 사람에게
음악을 배워야 했던 걸까?
그렇게 도구를 다른 용도로 사용하는 사람에게
운동을 배워야 했던 걸까?
그렇게 함부로 말하는 사람에게
곱고 예쁜 우리말을 배워야 했던 걸까?

○

올림픽의 함성과 미투Me too의 외침으로
한국은 시끄럽다.
미국은 총기 사고로, 시리아는 내전으로 난리다.

나는 웃다가 미안하다가 화를 내다가 슬프다가...
고개를 떨군다.

내가 딛고 있는 바닥,
그 아래로 더 떨어질 수 없는 한숨...

                        ○

    양자역학.
    있으면서 없다니, 무슨 말도 안 되는...
    잠깐, 그러고 보니
    말도 안 되는 일로 가득한 세상에 살고 있잖아.

                  ○

생각날 때 일을 처리하자.
미뤄 두면 까먹는다.

까먹는 것도 무능한 것이다.
그리고 사람들은 흔히
자신의 무능을 권력으로 해결하려고 한다.

아무때나 다른 사람에게 연락하지 말라.

○

○○○ ○○○ 식당에서는 조리한 후 3시간이 지난
음식을 폐기한다고 한다.
나는 그 이야기를 들으며 철저한 위생에 감탄하기보다
'버려지는 음식이 너무 많지 않을까? 낭비가 아닐까?'
라는 생각이 먼저 든다.

나는 글렀다.

○

어느 공간에 변화가 생겨도,
예를 들어, 새 건물이 들어서도
나는 그 건물에 대해서는 별 흥미가 없다.

나는 오히려 그 건물 바깥의 풍경,
그곳에서 바라볼 기존 건물의
새로운 모습이 더 궁금하다.

○

우리는 동등한 권리와 평등을 외치지만
사회적 권력을 가지고 다투고만 있는 게 아닌가?

여자와 남자는 다르다.
남성과 여성은 다르다.

호르몬, 감각, 몸.
우리는 절대로 서로를 이해할 수 없다.

○

웬만한 차는 5명까지 탈 수 있는데
차도로 다니는 차를 보면
거의 1명밖에 타고 있지 않다.

○○ kg인 성인 한 명이 움직이기 위해
○,○○○ kg의 쇳덩이가 구르고 있다.

○

나는 그것을 가져서 불안을 없애는 것보다
그것을 가져서 얻게 되는 불편이 더 싫다.

○

사랑은 give & take가 아니다.
entropy다.

○

민주주의는 여성 die Demokratie이고
다수결은 남성 der Mehrheitsbeschluss이다.

○

나이가 들수록 고집이 세지는 게 아니라,
많은 나이가 고집 부리는 것을 가능하게 한다.

누구나 태어날 때부터 다 고집쟁이다.

○

집안 어른 A와 제사 이야기로 이견을 내다가
A가 그럴 거면 저기 아프리카에 가서 살라고 하신 적이 있다.

A는 과학이나 인류의 기원 같은 것에 관심이 없으시고
잘 모르시는 줄 알았는데
A가 현생 인류가 아프리카에서 기원했다는 사실을
정확히 알고 계셔서 깜짝 놀랐다.

○

"너는 왜 사냐?"라는 질문에는
"태어났으니까"가 가장 알맞은 대답이다.

○

숲속에서 고라니를 봤다.
꿈인 줄 알았다.

○

언젠가 PC방에 갔을 때,
공부를 하고 있는 알바생을 본 적이 있다.
취업 시험 관련 책이었던 걸로 기억 난다.

문득,
그 오래된 상가 건물에서 PC방 업무를 보며
다른 모두가 게임을 하고 있는데
자기 공부를 하고 있는 그 사람은 어떤 마음이었을까?

짐작조차 할 수 없는 텁텁함에 잠시 먹먹해졌다.

○

배송을 시키기 싫어서 일부러 찾아간 매장에서는
배송비를 포함한 가격으로 팔았다.
나는 아무 말 안 하고 그냥 오천 원을 줬다.

○

옆에 있던 아주머니가 내게 묻는다.
"그거 왜 찍어요?"
나는 우물쭈물하다가 대답한다.
"그냥요."

살면서 길을 걷다가 우연히,
포크레인을 실은 채 주차되어 있는 컨테이너 트럭을
필름카메라로 찍고 있는 사람을 볼 확률은 얼마나 될까?

○

서울 하늘도 예쁘다.
우리가 안 보니까,
마음이 답답하니까,
모르는 거지.

○

열 손가락 깨물어 안 아픈 손가락은 없어도
덜 아픈 손가락은 있다.

깨물기 전에 마음이 쩌릿한,
이에 들어가는 힘을 빼는,
덜 아프게 깨물게 되는 손가락은 있다.

○

옥수수를 따다가,
할머니 생각이 났다.

　　　　○

나는 인간의 대화보다
자연의 침묵이 더 좋다.

　　　　○

바다.
가고 싶은 바다.
추억이 있는 바다.
떠올리고 싶지 않은 바다.

바다 대신에 다른 어떤 단어를 넣어도
아무렇지 않을 것이다.

　　　　○

○○년 전, 도쿄. 나는 아직 출발 시간이 남은 △△△행 버스에 앉아 있었다. 창밖으로 거리를 지나다니는 사람들을 보다가 아무래도 화장실에 다녀와야 할 것 같아서 버스 기사에게 물었다.

"스미마셍. 레스트룸. 레스트룸."
"레스트룸? 아! 토이레."
버스 문 앞에 서서 손님을 기다리고 있던 기사는 내가 화장실을 찾는다는 것을 알고 버스 바로 앞에 있는 지하도를 가리키더니 아래로 내려가기 시작했다. 나는 '화장실이 아래에 있나 보다'하고 내려가고 있는데 기사는 나보다 앞서서 계단을 끝까지 내려가서 화장실 앞까지 나를 안내했다. 모퉁이를 여러 번 돌아야 하는 것도 아니고 화장실은 계단을 내려가면 바로 보이는 곳에 있었다. 이것이 말로만 듣던 일본 사람들의 친절함이구나! 감동한 나는 버스의 자리로 돌아와 같이 여행하는 친구들에게 대단하다며 그 이야기를 늘어놓았던 것으로 기억한다.

그때로부터 ○○년 후, 도쿄. 나는 건물 안에서 화장실을 찾다가 어느 아저씨에게 물어봤다.

"토이레가 도꼬니 아리마스까."
내 질문을 들은 아저씨는 "하이"라는 대답과 함께 앞장 서서 화장실로 걸어가기 시작했다. 그의 뒤를 따라 걷다가, 문득 ○○년 전 지하도 계단을 내려가던 기사의 뒷모습이 떠올랐다. 화장실이 어디인지 모르는 나 때문에 기사는 그 높은 계단을 다시 올라갔겠구나. 또 다른 누가 화장실이 어디 있는지 물어보면 기사는 계단을 또 내려왔다가 올라갔겠구나.
겨우 10m 정도밖에 안 되는 곳에 있는 화장실, 그저 이 길을 따라 가다가 조금 돌기만 하면 보이는 화장실로 가는 발걸음이 무거워졌다. '그들의 친절함'에서 '그들에게 미안함'으로 바뀌며 마음이 불편해지는 것은 내가 그저 낯선 타인이기 때문에 감당해야 하는, 이방인으로서의 몫인 걸까?
화장실에서 나오며, 앞으로 또 일본에 오게 된다면 절대로 화장실이 어디에 있는지 물어보지 말아야겠다고 생각했다.

○

○○년만의 일본, 도쿄. 사실 잘 기억나지 않는 ○○년 전의 △△△△와 □□□□. 어쩌면 그건 기억나지 않는 게 아니라 내가 다른 목적으로 다른 일행들과 이곳에 왔기 때문일 것이다. 일본에 오기 전까지 후쿠시마 원전 사고로 음식을 걱정했다. 하지만 며칠 이곳에 있으면서 나 역시 이곳에서 태어났더라면 이들처럼 삶을 살아가고 있을 것이라는 생각이 들었다. 사건을 두려워하는 것과 삶을 살아가는 일 중에서 무엇이 더 중요한 일일까?

○

나는 윗사람에게 지나치게 공손하고 깍듯이 대하는 사람을 예의 바르다고 생각하지도 않고 좋아하지도 않는다. 그들 중 많은 경우가 자신이 윗사람에게 그렇게 하는 만큼 아랫사람에게 대우를 받기를 바라고 아랫사람을 하대하는 경향이 매우 강하기 때문이다.

○

0-0으로 끝나 가는 결승전을 보면서
나는 어느 나라든지 골을 넣고
빨리 경기가 끝났으면 좋겠다고 생각했다.

연장전에서 연달아 골이 나왔고,
사람들은 펄쩍 뛰며 소리를 지르고 기뻐했다.
그때도 나는 가만히 앉아서 그 모습을 바라봤다.

나는, '한국 사람'은 아닌가 보다.

○

여러 가지 논란이 있었지만
그래도 축구대표팀이 금메달을 따서 다행이다.
만약 그러지 못했다면 지금 난리가 났을 거다.

○

오랜만에 만두나 먹을까 해서 가끔 찾는 만둣집에 들렀는데 웬일인지 문이 닫혀 있었다. 아쉬움을 뒤로하고 집에 왔고, 기사를 하나 읽었다.

○○○ △△△△△ □□□□는 ☆일 남북정상회담 관련 "대통령은 평양 가서 맛있는 평양만두를 드실지 모르지만 대한민국 우리 동네 만두가게 사장님은 여전히 추석을 앞두고 한숨 깊다는 사실을 문 대통령이 아시고 가셔야 한다."고 주장했다.

기사를 읽다가 문이 닫혀 있던 만둣집이 생각났다. 추석을 앞두고 깊은 한숨을 쉬고 계신 건 아닌지 걱정이 되었다.

○

표정이 선한 사람을 봤다.
그는 온화했고 웃을 때 따뜻함이 느껴졌다.
그 사람은 우연히 친구를 만났고 기분 좋게 웃었다.
그의 친구도 맑은 사람이었다.

○

빵을 사는데, 직원이 실수로 1,000원을 더 계산했다. 나는 그것을 알고 있으면서도 직원에게 말하지 않았다. 그가 어떻게 대응하는지 보고 싶었기 때문이다. 직원은 곧 자신의 잘못을 알아챈 것 같았으나 뒤에 손님이 기다리고 있고, 마감 시간이기도 하고 해서 마음이 급했는지 맞는 척 넘어가는 것이었다. 그래도 나는 계산이 잘못됐다고 말하지 않았다. 잘못이든 실수든 순간적인 욕심이든 그 직원이 살다가 문득 이 일이 떠오른다면, 그때라도 미안함이나 찝찝함이나 부끄러움을 느끼지 않을까? 가게를 나선 후, 나는 내 마음에 피어난 이 사악하고 못된 장난에 대해서, 인간의 이 마음은 무엇인지에 대해서 생각해 봤다. 나는 오늘 1,000원으로 나쁜 짓을 샀다.

○

오른쪽 눈을 현미경처럼,
왼쪽 눈을 망원경처럼.

○

나는 감정에게 상처를 받고
사실에게 위로를 받는다.

○

가족들과 고구마 캐기

밤나무를 보다가 밤나무 잎이 길다는 것을 안다.
문득 여름날 시골에서 지내던 때가 생각났다.

○

나에게는 들리는 걸 듣지 않을,
보이는 걸 보지 않을 능력이 없다.

○

하늘색 도화지를 배경으로
하얀색 물감이 흩어졌다.
마치 잭슨 폴락의 붓 끝에서 떨어지듯,
살면서 그렇게 큰 새똥은 처음 봤다.

○

면봉 100개를 100원에 샀다.
참 놀랍고 빌어먹을 세상이다.

○

죽은 잠자리를 봤다. 아무렇지 않았다.
만약 새였다면? 개였다면? 사람이었다면?
나는 가만히 보고 있을 수 있었을까?

잠시 후, 정말로 죽어 있는 작은 새를 봤다.
차마 그대로 지나칠 수 없어서
산속으로 옮겨 놓고 나뭇잎으로 덮어 주었다.

그리고 개를 데려왔다.
나는 동물을 만져 본 적이 없다.
동물을 만지는 걸 싫어한다.
그런 개를 한쪽에 묶어 두고
멀찌감치 앉아 두 시간을 함께 보냈다.

차마 그 개가 죽게 내버려 둘 수는 없었다.

○

눈물은 감정이 아니다.
논리의 클라이맥스다.

○

필요하지 않은 물건인데
'사야 할 것 같은',
'사고 싶은 것 같은'
느낌이 들 때가 있다.

생각해 보니,
일이 많아서 바쁘고 지칠 때 그러는데,
그것은 소비로 보상 받고 싶은
산업이 만들어 낸 병일 뿐이다.

○

삶은 기간이 아니라 순간이다.

○

중학생의 비속어.
나도 그랬었어.

○

나는 욕심이 없는 사람이 아니다.
나는 욕심이 없는 나를 욕심내는 사람이다.

○

"아직도 담배를 피워요?"
"그래야 빨리 죽지. 보험금도 덜 내고 돈도 타고."

담배 냄새는 여전히 거슬리고
보험금 얘기도 별로였지만
빨리 죽는다는 말은 나쁘지 않았다.

○

식당 옆 테이블의 이야기.

반주로 소주를 몇 잔 들이켠 아저씨 4명이 이야기하고 있다. 그 중에 형으로 보이는 사람이 다른 사람들에게 '경청의 미학'을 강조한다. 경청이 정말 중요한데 너희는 이런 것도 모르냐며 자기 이야기를 잘 들으라고 한다. 그렇게 혼자서 실컷 떠들더니 "자, 이제 네가 이야기를 해 봐" 듣고 있던 한 분이 말을 하려는데 "나는 담배 한 대 피우고 올게"하고는 자리에서 일어나 나간다.

○

여행이 최고의 여가가 된 세상

○

시스템은 문제가 일어나지 않게 예방하기보다
문제가 일어났을 때 해결하는 데 더 초점이 맞춰져 있는 것 같다.
그렇지 않다면 병원이 아닌 건원에 다닐 것이다.

○

나도 기록하는 일을 하고 있지만
사람들은 정말 기록강박증에 걸린 게 아닐까 싶다.

○

누가 나에게 행복하냐고 물으면
나는 그렇다고 대답할 것이다.

어떻게 그럴 수 있냐고 물으면
인생은 그 자체로 아무런 의미도 방향도 목적도
없다는 것을 알았을 때,
그때 나에게 새로운 세상이 열렸고,
그때부터 계속 행복했다고 말할 것이다.

○

함께 시작했던 사람들이 하나둘씩 떠나간다.

○

"걔 ○○○ 한대요"
"△△에 들어간대?"
"거기 평판도 안 좋은데, 왜 가요?"
"좋고 나쁘고가 어디 있어? 돈만 잘 벌면 되지."

○

인간은 죽는다.
나는 인간이다.
그러므로 나는 죽는다.

인간은 동물을 잡아먹는다.
나는 인간이다.
그러므로 나는 동물을 잡아먹는다?

○

꿈을 꿨다.
쥐가 손을 깨물어서 잠에서 깼다.
깨고 보니 쥐가 아니라 개 정도 크기였던 것 같다.

오랜만에 생생한 꿈을 꿔서
'개가 무는 꿈'이라고 검색해 봤다.
나쁜 일이 일어날 거라는 이야기도 있고,
피가 나면 좋은 일이라는 이야기도 있었다.

결국 그냥 '개꿈'인 듯하다.

○

소주를 '쏘주'라고 하지 않으면
인생의 쓴맛도 모르는
햇병아리라도 되는 걸까?

○

밤하늘에 별. 껌껌한 밤하늘만 보고도 살 수 있겠다는
생각이 들 정도로 아름다운 별과 달과 나.

○

냉면이 만 원이 넘는 건 이해가 안 되지만,
세월이 흘러 낡아 가는데도
몇 억 원씩 오르는 집값은 이해가 되는 세상.

○

아이들에게는,
그들의 만남에는 설명하기 힘든
끈끈한 당김과 끈적한 눈물이 있다.

○

나는 천사가 없는 세상에서 살고 싶다.
그곳에는 악마도 없을 것이기 때문이다.

○

"그게 지금 아시안게임 축구하고 있는 거요?"

터미널에서 버스를 기다리면서 축구 게임을 하고 있는데 할아버지 한 분이 흘끗 내 태블릿PC를 엿보시더니 묻는다. 나는 아니라고, 게임이라고 했다.

문득, 할아버지의 삶을 거슬러 상상해 봤다.
내 나이 때 할아버지는 세상이 지금과 같아질 거라는 걸 상상해 보신 적이 있을까?

○

트럼프와 툰베리는 닮았다.

○

제시간에 시작하는 것만큼
제시간에 끝내는 것도 중요하다.

○

택배 배달 완료를 알리는 두 개의 문자.

1.
사랑합니다 고객님. 진심을 다하는 ○○택배입니다.
고객님이 요청하신 장소에 물품을 안전하게 배달 완료
하였습니다. 불편사항 있으시면 언제든지 연락바라며,
항상 최고의 서비스를 위해 노력하겠습니다.

2.
△△택배요 부재중 문앞보관요 집배원아저씨

나는 2번 메시지가 마음이 더 편하다.

○

모바일 청첩장은
스마트폰을 쓰기 시작하고 나서
만들기 시작했다.

종이 청첩장도
종이를 마음껏 쓰기 시작했을 때부터
만들기 시작했을 것이다.

청첩장 같은 건
없었을 것이다.

○

옛날 물건은 과감히 버리자.
박물관 같은 거 안 해도 돼.

○

내가 그 말을 듣자마자 짜증을 냈던 건 배가 고팠기 때문이다.

○

저는 아무것도 없는 사막 한가운데에서 길을 잃어도 밤하늘의 달과 별을 보고 길을 찾아낼 수 있는 지혜로운 사람이 되고 싶습니다. 그렇게 걷다가 또 걷다가 굶주려 쓰러져도 담담히 죽음을 받아들일 수 있는 용기 있는 사람이 되고 싶습니다.

당신이 굶주려 쓰러졌을 때, 그 옆에 제가 있을 것입니다. 당신이 아무것도 없는 사막에서 길을 잃을 일이 없게 당신이 사막에 가지 못하도록 말릴 것입니다. 그것이 지금까지 말해 온 우리의 약속을 지키는 일이니까요.

○

나보다 조금 앞서 걷던 여자가 엘리베이터 버튼을 누른다.
뒤에서 인기척을 느꼈는지 뒤를 돌아 나를 보고는 계단으로
걸어 올라갔다.

얼마 전 여자의 뒤를 쫓아 집까지 따라갔던 스토커에 대한
뉴스를 봤다. 그런 걸 생각하면 여자들이 공포에 가까운
느낌을 받는 상황이 충분히 이해는 되지만 그저 내가 남자
라서 같은 엘리베이터에 있고 싶지 않거나 범죄를 저지를
가능성이 있는 존재가 되는 것도 기분이 썩 좋지는 않다.

아이들은 늘 신나 있고 에너지가 넘친다.
하지만 보인다.
그렇지 않은 아이들도 있다는 것.

나는 아무것도 하고 싶지 않다.
그런데 이 마음을 알리려면
나는 누구에게 말을 하거나
이렇게 글로 써야 한다.
이렇게 하지 않으면
아무도 내 마음을 알아주지 못하니
참으로 답답할 노릇이다.

○

결혼한 후에
주변 사람들에게 가장 많이 들은 질문은,
"밥은 누가 해요?"였다.

내 대답은 언제나 같았다.
"배고픈 사람이요."

○

인생을 살면서
어떤 상황에서도 나를 지지해 주는 사람 한 명만
있어도 살아갈 수 있다고 한다.

내가 보기에 연예인들이 그런 사람인 것 같다.
아무리 심한 잘못을 해도 그들의 곁에는
끝까지 응원해 주는 팬들이 있다.

〇

언어가 사고를 지배한다는 건
언어가 만들어지고 난 후의 일이다.

내가 궁금한 건 그렇다면
왜 저들은 언어를 저렇게 만들고
왜 우리는 언어를 이렇게 만들었냐는 거다.

〇

그 시절에도,
지금 돌아봐도,
이십대는 어리고 어렵구나.

○

'배가 사과보다 맛있다'고 할 것을
'사과가 배보다 맛없다'고 하면
왠지 사과한테 미안하다.

'사과가 배보다 맛있다'고 할 것을
'배가 사과보다 맛없다'고 하면
왠지 배가 아픈 것 같다.

○

다 각자의 사정이 있는데
너무 뭐라고 하지는 않았으면 좋겠다.

○

연세가 있는 분들에게서
오히려 여유가 없다는 느낌을 받을 때가 있다.
하고 싶은 건 많은데
자신에게 주어진 시간이 없다는 생각 때문일까?

○

예전 어느 뉴스에서
일본인들이 출퇴근하는 데 연간 1인당
1,000만 원을 쓴다고 했다.

나는 우리나라도 그와 다르지 않다고 생각한다.
나는 그 돈을 받지 않고 출퇴근하지 않는 쪽을 택하겠다.

○

예전에 티벳 사람들의 조장鳥葬 문화를 처음 알았을 때,
어떻게 죽은 사람의 몸을 새에게 먹일 수 있는지
나는 무척 끔찍하다고 생각했다.

그러나 지금은,
그것이 사람을 자연으로 돌려보내는
존경으로 가득한 최고의 예우라고 생각한다.

내 눈은 까마귀의 눈이 되고
내 팔은 독수리의 날개가 되리라.

○

왜 행사를 정시에 시작하지 않는 걸까?
왜 일찍 온 사람들이 손해를 보고
늦게 온 사람들에 맞춰 줘야 하는지?

○

○○○ △△△ □□□ ☆☆☆☆
지구 곳곳에는 우리가 상상도 못할 일이 벌어지고 있다.

○

붕어빵을 만들어서 팔아 봐야 한다.
처음부터 끝까지 내가 책임질 수 있고,
팥을 넣을지 크림을 넣을지, 아니면 할라피뇨를 넣어볼까
마음껏 생각해 볼 수 있는 자율성이 있는 일을 해야 한다.

회사를 다니면서, 조직원으로서 이따금씩 자괴감을 느끼게 되는 건 일을 하는 당사자가 자율적으로 일하지 못하고 책임만 지고 있기 때문이다.

○

암막 커튼 뒤로 눈부신 햇빛은
부서진 하얀 파도, 바다 알갱이.

○

어색하지 않은 곳을 찾지 못할 때에는
익숙한 곳에 두어라.

○

마라톤의 결승점인 경기장으로 들어왔더니
트랙에 허들이 놓여 있다.
'이거 넘어야 하는 거야?'

영문도 모르고 납득도 안 된 채로
나는 허들을 뛰어넘고 있었다.

○

사람들은 참 개떡 같은 말을
찰떡같이 잘도 지어낸다.

○

벌써 2020년이니까요.
20세기가 시작되고도 20년이 지났다고요.

뉴 밀레니엄 때 세상이 바뀔 것처럼 떠들었지만
그러지 않았다고 생각했는데, 곰곰이 돌이켜보니
지난 20년 동안 20세기의 많은 문물, 문화가 사라졌다.

○

한국에서 태어나 해야 한다고 요구받는 것들.
만약 그것이 내가 한국에서 태어나지 않아서 하지 않아도
될 일이라면, 그것은 살면서 반드시 해야 할 일이 아니다.

○

Fridays For Future

역사적인 곳이 아니라
역사를 만들고 있는 곳

○

The sky does not work.

○

정수리가 뜨끈한 걸 보니 한국이구나.
한낮의 해에 내 그림자도 짧다.

지구가 기울어서 돌고 있다는 사실을
머리끝에서 발끝까지 온몸으로 깨닫는다.

○

책에서 읽은 글이다. 어느 작가가 핀란드에서 사는 동안 인터넷 카페를 이용했는데 단어의 발음을 잘못 알아서 늘 매춘부를 주문했다는 것이다. 그런데 더 최악은 한 달 내내 직원이 실수를 바로잡아 주지 않았다는 내용이었다.

나도 비슷한 에피소드가 있었다. 기내 잡지에서 본 핀란드 작가의 그림책을 사고 싶어서 서점에 갔다. 제목이 정확히 기억나지 않아서 〈○○○○ C〉가 있냐고 물었는데 직원은 검색을 해 보더니 재고가 없다고 했다. 며칠 후에 다른 도시의 서점에서 그 책을 찾았다. 알고 보니, 제목이 〈○○○○ W〉이었다.

○

봉준호처럼 영화를 만들고
검정치마처럼 노랫말을 쓰고
한경찰처럼 그림을 그리고
보부처럼 춤을 추고

싶다.

○

농산물을 산지에서 폐기한다는 뉴스를 봤다.
정말, 이게 뭔 짓인가 싶다.

○

내가 당신의 기대를 충족시키지 못한 것과
또는 나의 준비가 부족했던 것에 대해서는
얼마든지 사과하겠지만,

솔직히,
당신이 얼마나 힘들게 일하고 있는지
당신의 고달픈 생활은 내 알 바가 아니잖아요.

○

고기를 먹지 않겠다는 신념과
무슨 재미로 사냐는 말...

○

"요즘 이등병들 완전 빠져 가지고."

세월이 지나도, 시대가 바뀌어도
똑같은 말이 들리는 것은
그것이 불변의 진리이기 때문이려나?

○

자기 자식을 샤론 최로 만들고 싶은 부모는 있어도
봉준호로 만들고 싶은 부모는 없나 보다.

영화를 아무리 잘 만들어도
영어를 잘하는 것보다 못하다.

○

그만두겠다는 말을 밖으로 꺼낼 때는
생각처럼 마음의 준비가 필요하지 않다.

지친 진심은 너무나 쉽게,
입 밖으로 나오기 마련이다.

○

마스크로 난리인데
나는 아직까지 일회용 마스크를 산 적이 없다.
그리고 오늘, 늘 쓰던 미세 먼지 마스크를 샀다.

마스크 대란 사태를 보며 여러 가지로 심란하고 복잡하다.

생존 앞에서 내 것을 확보하려는 사람들,
이런 상황을 기회로 이득을 보려는 사람들,
어떻게 해야 할지 몰라 허둥지둥하는 사람들.

○

시간이 느리다고 느끼는 건
우주 팽창 속도 때문인가
내가 늙어서인가

○

과일은 '개'로 센다고 방금 말했는데
눈앞의 포도는 '송이'로 세야 한다고 해야 하는
포도포도하고 송이송이한 상황.

○

'좋아요'를 많이 받는 콘텐츠가 뭔지 알 것 같다.
그렇지만 '좋아요'를 받기 위해 글을 쓰고 싶지 않다.

○

공원을 떠도는 개.
불리는 이름은 많았지만
사실 그냥 아무개.

어느 날, 갑자기
그 개는 모두의 개가 되었다.

집을 지어 주고,
잠을 재워 주고,
줄을 잡아 주고,
누구의 개도 아닌 그 개 곁에
언제나 모두가 있었다.

하얗던 털이 누래지고,
까맣던 코가 뽀얘질 만큼
... 시간이 흘렀다. 그리고,

모두의 개는 이제
누구의 개가 된다.
굿 바이- ○○.

○

코로나는 우리의 삶을 바꿔 놓았다. 그리고 더 많은 것을 빠르게 바꿀 것이다. 사람들은 언제 끝날지 모르는 이 위기에서 지난 일상을 그리워하고 있다. 그러나 수많은 자연 재해, 전쟁, 경제 위기 등 역사의 현장에서 살았던 그 당시의 사람들 역시 그 위기의 끝을 알지 못했다. 지금 우리가 보여야 할 것은 일상으로 돌아가고 싶은 마음이 아니라 지금의 이런 상황도 일상으로 받아들일 수 있는 전환적인 태도다.

○

선거가 끝났다.

거리마다 걸려 있던 현수막과
쓰레기통을 가득 채웠던 비닐장갑과
누구를 지지하는 빨간색 도장이 찍힌 종이와
뽑아 주시면 열심히 하겠다는 약속은

모두 같은 곳으로 갔겠지.

○

코로나로 이동이 제한되어 도심의 매연이 사라져서
30년만에 히말라야가 보인다고 한다.

그래도 서울에서는 안 보인다.

○

"코로나 때문에..."
끝까지 말하지 않고 흐려도 되는,
원인이나 이유처럼 들리지만
변명이나 핑계밖에 되지 않는다.

어느 때는 분명히
코로나 바이러스(virus)보다
코로나 익스큐즈(excuse)가 더 짜증난다.

○

나뭇잎이 초록색인 건
초록을 제외한 빛을 흡수하고
초록을 반사하고 있기 때문이다.
내가 가지지 않은 것이
나의 색깔이 되는 것이다.

○

개그콘서트 마지막회를 봤다.
정들었던 무대를 떠나 보내는
코미디언들의 웃음과 눈물을 보면서
아쉬움보다는 '잘됐다'는 생각이 더 컸다.

남일이라고 쉽게 말하는 것처럼 들릴 수 있겠지만
○년 전 그렇게 좋아했던 △△△△이 막을 내릴 때도
같은 생각이었다.

○

'고맙다'는 순우리말이고, '감사하다'는 한중일에서 쓰인 한자어로 알면 될 듯. 감사의 '사'자가 사례하다로 중국어 "씨에씨에"와 같은 한자이고, 일본어에도 있는 거고. 흔히 감사하다가 더 격식있는 표현으로 알고 있는데 그러진 않다는 게 중요한 거고, 고맙다라는 순우리말이 있으니 더 많이 사용하자고 하는 거야.

땡큐로 해 글로벌하게 ㅋㅋ

○

아쉬운 소리 하지 않고
아쉬운 소리 듣지 않고
그렇게 사는 것도 큰 행복이다.

○

내 말에 이카루스의 날개를 달았으니
나는 하늘도 날 수 있지.
나는 내 말을 타고 태양에도 닿을 수 있지만
그렇게 하지 않을 거야.
나는 신중하거든.

○

그러고 보니 매번
소중한 사람들하고만 왔었구나.

○○는 언제 와도
반갑고, 그립고, 아프고, 따갑다.

○

차도에서 파도 소리가 들렸다.
적막이 찢기며 고막을 찌르는,
츠이어얼쓰어우엉

○

라떼는 말이야.
맛있단 말이야.

○

김중혁을 만나 보고 싶어졌다.
아이유를 만나 보고 싶어졌다.
유재석을 만나 보고 싶어졌다.

○

누나한테 빵을 뺏긴 아이는
서럽게 울었다.
"빵~~~"
그 한 마디가 삶의 전부인 것처럼.

나는 그 모습을 보다가
인간이 뭘지 또 생각했다.

○

사흘을 몰라서 찾아 본 거라고.
그럴 수도 있지, 뭐.

○

십여 년 전, 지하철역 앞에서 나눠주던 무가지 신문이 사회 문제가 됐었다. 그때 사람들이 다 본 신문을 아무렇게나 선반이나 좌석에 올려놓았고, 폐지를 수거하는 사람들 때문에 출근시간 지하철에 소란이 일기도 했다. 쉽게 해결할 수 없는 골칫거리가 되자 지하철공사에서 해결 방안 찾기 아이디어 공모전을 했던 기억도 있다. 하지만 그 문제는 쉽게 해결되었는데 바로 스마트폰 때문이었다. 스마트폰 사용자가 늘어나면서 사람들이 지하철에서 더이상 무가지 신문을 보지 않게 되자 자연스레 광고로 운영되던 무가지 신문 발행은 하나둘 줄었고 마침내 지하철역 앞에서 무가지를 나눠주던 풍경은 사라져 버렸다.

근래에 디지털 기기 사용에 익숙하지 않아서 소외됐거나 접근이 어려운 사람들에 대한 것도 한쪽의 사회 문제였다. 그러나 코로나로 그런 분들의 불평, 불만이 싹 사라졌다. 우리가 문제라고 보는 것들은 사실 우리가 풀 수 없는 것들이 많다. 사회 문제 하나가 해결됐다.

○

가슴속 깊은 곳에 묻힌 묵은 한은
아프더라도, 아프더라도
꺼내야 사라진다.

뜨겁게 달아올라 실컷
울어도 됩니다.
○

나는 사람의
어떤 점이나 어떤 면이 아닌
선을 보고자 한다.
○

[강요받는 선택지]
고기를 먹는다.
고기를 안 먹는다.

[실제 우리의 삶]
고기를 정말 많이 먹는다.
고기를 많이 먹는다.
고기를 조금 먹는다.
고기를 조금 먹지 않는다.
고기를 많이 먹지 않는다.
고기를 전혀 먹지 않는다.

우리는 긍정과 부정의 두 가지 선택지를 강요받는다.
하지만 우리 삶은 이분법으로 나눌 수 있게 간단하지 않다.

우리네 삶의 모습은 긍정-부정이 딱 나뉘는 게 아니라
그것을 수식하는 부사처럼 다양하다.

○

확진자를 위한 시험장을 만들었어야 하는 게 아닐까?

○

왜 바나나 껍질이 가로수 나뭇가지에 걸려 있는 걸까?

○

누구를 지키는 일이 그렇게 중요한가?
이것 또한 '내가 옳다'는 마음이겠지.

○

좋은 시민은 누구일까?

올 한 해는 사진을 찍는 일이 더 어려워지기도 했고, 한편으로는 쉬워지기도 했다.
행사에 모인 사람들이 모두 마스크를 쓰고 있어서 그들의 즐겁게 참여하는 모습, 웃는 모습을 좀처럼 찍을 수 없었기 때문이다.
한동안은 고민했지만 이내 꾀를 내었다.
어차피 얼굴이 보이지 않는데 적당히 찍으면 됐기 때문이다.

하지만 이내 나는 내 생각이 틀렸다는 걸 알았다.
웃는 건 표정으로만 확인할 수 있는 게 아니었다.
마스크에 가려져 있어도 그가 웃는지 아닌지 다 알 수 있다.
새어 나온다.

좋은 시민도 그렇지 않을까?
지금 학생이라는 신분, 일상에 가려져 있어서
그냥 언뜻 봐서는 이 사람이 좋은 시민인지 알 수 없지만,

위기의 순간에, 그리고 함께하는 순간에
마스크 뒤에서 빛나는 하얀 웃음처럼
좋은 시민은 드러날 수밖에 없다.

○

지구를 지키기 전에
네가 한 약속부터 지켜라.

○

왜 사람들은 모르는 사람 앞에서
자기 회사 흉을 보는 것을
아무렇지 않게 생각할까?

○

달변가가 되어야 할 필요는 없지만
사람들 앞에서 말하는 자리에서
눌변이어서는 안 된다.

○

안 보일 때랑 보일 때랑 다르고,
볼 때마다 다르다.

○

흔히 말하는 그릇의 크기에는 역량과 용량,
두 종류가 있다.

역량은 내가 해낼 수 있는 일의 크기다.
용량은 사람들을 담아내는 배짱의 크기다.
나를 알아보는 수많은 대중을 상대할 때
필요한 건 용량이다.

칭찬이든 비난이든 많은 사람들의 평가를
감당하지 못해 무너지는 건
역량은 키우지만 용량을 늘리지 못했기에
일어나는 일이다.

○

사람이 갑자기 변하면 죽는다.
하지만 바꾸면 산다.

○

나를 죽이려고 달려드는 사람들보다
나한테 살려 달라는 사람들이 더 무섭다.

○

세대를 살지 말고
시대를 살면 된다.

나이로 살지 말고
나로 살면 된다.

○

다들 말은 많지만 움직이지는 않는다.
기획자는 많지만 연출가가 없다.

○

흔히 동물을 함부로 대하는 사람들에게
동물을 가족같이 생각하라는 말을 하곤 한다.

그러나, 마음에 들지 않으면
가족도 죽이는 게 사람이다.

인간의 행동을 정확히 진단한다면
충고나 조언의 언어도 달라질 것이다.

○

한국인이 한국어를 가장 모른다.

○

장 같은 거 하고 싶지 않은데
장 하는 거 딱 하나 있네.
애니팡 팸장.

○

필요한 것만 사고 있지만
확실히 돈이 있으면 더 사게 된다.

○

어릴 때 잠깐 다닌 교회에서 '네 이웃을 사랑하라'는 말을 들은 게 어렴풋이 기억납니다. 아이였던 당시에는 그저 '이웃과 싸우지 말라', '사람들과 잘 지내라'는 정도의 의미로 받아들였던 것 같습니다. 이번에 처음 성경을 읽으면서 사랑하라는 말 앞에 '너 자신처럼'이라는 문구가 들어있다는 사실을 알게 되었습니다. 내가 아닌 너에게, 밖으로 나가야 하는 줄로만 알았던 사랑의 방향이 먼저 나를 향해야 한다는 것을 느꼈습니다. 나를 사랑할 줄 아는 사람, 곧 자신에게 사랑을 받은 사람이 이웃도 사랑할 수 있을 것입니다. 율법 중에서 '마음, 목숨, 힘을 다하여 하느님을 사랑해야 한다'는 가장 큰 계명은 바로 다음에 이어지는 '네 이웃을 너 자신처럼 사랑해야 한다'는 말로서 비로소 완성된다고 생각합니다. 나를 사랑하는 마음으로 이웃을, 나아가 동물과 자연을 사랑할 수 있다면 그것이 곧 하느님을 사랑하는 길일 것입니다. 나와 다른 것을 구분없이 사랑하고, 나 자신을 사랑할 수 있게 전해 주신 말씀을 깊이 새깁니다.

○

지금 제 마음은 걸림이 없습니다.
반야심경을 배워서 그냥 말이라도 한번 해 봤습니다.

○

아무리 시대가 바뀌었다고 해도
복날에 삼계탕집은 바글바글하다.

○

무작위로 말을 받는다.
말이 장애물 넘기를 거부한다.
기수는 울고 코치는 말을 때린다.
순위는 선두에서 30위권 밖으로 곤두박질쳤다.
종목 이름처럼 이제 바뀌어야 할
근대의 산물이다.

○

뭐 쫌 할라고 하면 배고프고
그래서 뭐 쫌 먹으면 졸리고

○

물건은 하나만 살 수 없다.
카메라를 사면 액세서리를 사야 한다.
커피를 즐기려면 여러 기구가 필요하다.
티셔츠를 사면 바지도 눈에 들어온다.

○

결국 운동 부족이었다.
움직이지 않아서 그런 거였다.

○

컴퓨터는 원래 계산하는 사람을 일컫는 직업이었다.
그런데 기계가 발명되면서 인간을 위해 그 계산을 대신하게 됐다.

인공지능, 딥러닝.
이제 인간이 기계를 위해 부품처럼 일한다.

○

아기를 낳을 수도,
안 낳을 수도 있다.
그런데,

그 자체가 자연이면서
가장 자연스러운 일에
온갖 계획과 걱정이 너무 많다.

○

신년 다이어리를 보고 든 생각.

예전에는 링 다이어리를 사용했다.
종이만 교체해서 평생 쓸 수 있을 거라 생각했기 때문이다.
하지만 시대와 기술이 바뀌어 버렸다.
나는 지금 컴퓨터에, 어플리케이션에 일기를 쓴다.
어느 면에서는 종이를 쓰는 것보다 더 자원을 아끼는 일이다.

이런 점에서 물건을 영원히 쓰는 건 불가능하다.
그렇게 아끼는 마음으로 오래 쓰는 것까지,
그 정도면 충분하지 않을까?

○

돌아보면 일이 가장 바쁠 때
일 외의 것까지 많은 것을 했고,
오히려 시간의 여유가 생겼을 때
아무것도 하지 않은 것 같다.

○

떨림이라는 단어만으로
두려움인지 설렘인지 알 수 없다.

울림이라는 단어만으로
깨달음인지 감동인지 알 수 없다.

○

학생: 저는 어머니를 보좌하고 싶습니다.
선생: 어머니가 하시는 일이 뭐예요?
학생: 집안일이요.

학생의 대답이
진로 교육 시간에 어울리지 않는다고 생각했는지,
자신을 무시하고 농담을 한다고 생각했는지,
평소에 집안일의 가치를 낮게 생각했는지,
아니면 그냥 잠시 당황해서 그런 건지는 모르겠지만,

아무 말도 하지 않고 다음으로 넘어가는 선생을 보면서
이 나라 교육의 미래가 걱정된 건 처음이었다.

○

사람은 입이 하나요, 귀가 둘이다.

그러니 내 입에서 가는 고운 말이
듣는 이에게는 두 배로 고와진다.

○

나는 인간이 싫다.
인간의 몸이 싫고,
인간의 마음이 싫다.

○

늘 느끼지만
나는 인간이 싫다.
내가 인간이 것까지도,
싫다.

○

"잠자는 사자의 코털을 건드렸어."
'그러게 왜 주무셨어요.'

○

무엇을 보기 좋게 만드는 데에는 두 가지 방법이 있다.
하나는 '꾸밈'이고, 다른 하나는 '가림'이다.

꾸밀 때 필요한 건 감각이고, 가릴 때 필요한 건 센스다.
그러니 감각과 센스는 바꾸어 쓸 수 없다.

○

성장(成長)은 '점점 커지다, 자라다'라는 동작, 현상을 말하지만 나는 '길이(長)에 다다르다, 이르다(成)'로 끝나는 시기에 더 초점을 맞춘다. 사람이 죽을 때까지 키가 크지 않듯이 성장은 스무 살까지 어린 시기에 해당하는 말이다. 성장을 끝낸 어른은 더이상 자라지 않는다고 불평불만을 할 게 아니라 성숙(成熟)해져야 한다. 어느 노랫말처럼 잘 익어가야 하는 것이다.

○

문득 자유가 떠올랐다.
자유로워지고 싶었다.

자유를 살짝 놓으니까 자유로워지는 것 같았다.
그렇게 자유에 대해 생각하지 않으니까 자유가 됐다.

나는 자유다.
최소한 자유롭다.

○

고려장(高麗葬)은 고려 시대에 늙고 병든 사람을 지게에 지고 산에 가서 버리는 일이다. 먼 옛날의 악습으로 알려져 있었으나, 어떤 문헌에서도 실재했다는 기록을 찾아볼 수는 없다고 한다. 그러나 나는 고려장이 실제로 있었던 일이라고 하더라도 윤리, 효의 관점에서도 문제될 게 하나도 없다고 본다. 가끔씩 호랑이가 마을로 내려와 사람을 잡아먹고, 온갖 신과 악귀를 들먹이며 생명을 제물로 바쳐야 했던 시절, 생존과 마을의 유지를 위해서 있을 수 있는 일이기 때문이다.

그리고 나는 오히려 노인들이 자신을 호랑이굴에 갖다 놓으라고 먼저 말했을 거라고 본다. 굶주린 호랑이가 마을로 내려오는 것을 막으려면 살아갈 날이 많은 젊은 자식들과 어린 아기들 말고 이 늙은이가 제물이 되어야 한다고, 그것이 이치에 맞는 일이라고 하지 않았을까?

○

음주운전의 위험에 대해 잘 알고 있고, 하지 말아야 한다고 하던 사람도 음주운전을 한다. 하면 안 되지만, 백번 양보해서 음주운전은 얼마든지 일어날 수 있는 일이다. 이미 몸과 정신이 취한 상태에서는 평소와 같은 이성적 사고를 할 수 없기 때문이다.
 그래서 시민들은 주취자를 보면 신고하고, 경찰에서는 연행해 분리 조치한다. 혹시 일어날지도 모르는 사고를 예방하는 차원이다. 그런데 음주운전은 갑옷을 입은 주취자가 무기를 마구 휘두르며 뛰어다니는 꼴이다. 신고가 들어가도 이미 늦는 경우가 많고, 피해 정도도 커서 사람들이 크게 다치고 죽을 수 있다. 피해자에게는 마른 하늘에 날벼락 같은 일인데 죄를 따지는 과정에서 그 무게는 가벼워진다. 형법에는 심신미약 즉, '심신장애로 인해 능력이 미약한 자의 행위를 감경할 수 있다'고 써 있기 때문이다.
 내가 가장 문제라고 생각하는 게 이 부분이다. 공공 영역에서 사회 구성원 모두가 법과 규범을 지키고 따를 때, 각 개인은 안전하게 자신의 활동을 할 수 있다. '나는 이렇게 할 건데, 저 사람은 저렇게 하겠지'라는 약속과 예측이 맞아야 사고가 일어나지 않는다. 이때 필요한 기본적인 조건은 이렇게 의식하며 생각할 수 있는 '건강한 상태'다. 술에 취해 제대로 가늠할 수 없는 몸과 정신으로 공공 영역에 들어오는 것, 그 자체가 사고가 일어날 확률을 높이는 일이다. 그러니 음주운전에는 더 크게 죄를 물어야 한다.

○

'하지 않음'을 '능력 없음'으로 여기는 세상이니
'하지 맙시다'라는 외침은 먹히지 않는 것이다.

○

시리얼을 말하니 시리가 대답하는 세상이 올 거라고
나는 상상하지 못했다.

언젠가 내 말을 알아듣는 기계가 나올 거라는 건 알았지만
그 이름이 시리일 거라고는 예상하지 못했기 때문이다.

○

'하루에 7개'라고 해서
'아침에 3, 저녁에 4'와
'아침에 4, 저녁에 3'은
같지 않다.

아침을 많이 안 먹거나
남겨서 간식으로 먹거나
다이어트를 하고 있거나
여러 이유로 유불리가 달라지기 때문이다.

○

대답은 넙죽넙죽하지만
남의 말을 귀기울여 듣는 사람은 별로 없다.

○

사람들은 욕심이 참 많다.
그러면서 겁도 드럽게 많다.
○

'무슨 무슨 주의'니 떠드는,
그들 중 어느 누구도
집안의 살림과 돌봄은
제 일로 여기지 않는다.

이념이니 사상이니 그전에
자기 몸과 마음을 가꾸고,
삶의 현장과 주변을 살피고,
일상을 잘 살아가는 것이 제일이다.
○

1895년 프랑스의 한 카페에서 최초의 영화인 〈열차의 도착〉이 상영되었다. 이때 전해지는 이야기로 관객들이 기차가 실제로 들어오는 줄 알고 극장을 뛰쳐나갔다는 일화가 있다. 나는 관계자나 호사가가 지어낸 말일 거라고 생각한다. 우리는 고전영화를 흑백필름으로만 봤기 때문에 당시 영화를 보던 사람들과 극장의 풍경까지도 흑백으로 떠올리기 쉽다. 당시 사람들이 '움직이는 사진'에 눈이 휘둥그래지며 놀랐을 수는 있겠지만 화면만 흑백이었고, 그것은 분명히 현실과 철저히 구분되었을 평면일 뿐이었기 때문이다.

○

애초에 오래 쓸 수 없는 것들은
아껴 쓸 수 없다.

○

나를 움직이는 마음이란
참으로 아무것도 아니다.

그것은 질량을 잴 수 없어서
우주의 먼지조차 될 수 없다.

○

감기에 걸렸다고 하면,
사람들은 약과 위로와 공감을 건넨다.

약도 독이고, 그런 말과 마음에도 중독이 되니
평소에 건강을 잘 챙기고 튼튼해져서
감기에 자주 걸리지 말자는 말이다.

○

나는 인간이 싫다.
인간의 몸도 마음도,
또 그 말도 너무나 싫다.

○

덥구나 더워.
매년 이러고 있다.

○

달-화성-수성-목성-금성-토성-해
일주일이란 그 자체로 고된 여정.

나는 지구에 살고 있는데 말이지.

○

"말도 안 된다"는 말만큼 '말이 안 되는 말'도 없다.
말이 되려면 여러 단어에 순서와 구조가 있어야 하기에
'말이 된다'는 건 인과, 상관관계를 따지는 최소한의 논리로
이해한다는 뜻일 거다.

그러나 우리가 말로 주고받는 사실이나 사건들은
대부분 '말'이 아닌 '일'에 대한 것이다.
행동, 동작, 감정, 감각, 느낌, 생각 같은 것들은
말과 아무 관계없이 일어나기도 하며,
말이 되기 이전의 것이어서 언어의 틀을 씌울 수 없기도 하다.

게다가 다들 잘 알다시피,
말이란 나오는 대로 늘어놓든 섞어놓든 찢어놓든
뱉어놓기만 하면 어지간해서 다 알아들을 수 있으니
반박을 하거나 화를 낼 때 '말도 안 된다'고 하는 말은
아무리 봐도 맞지 않는 말인 것 같다.

○

좋은 일이든 나쁜 일이든
일이 생겨야 주목을 받는다.

좋은 일이 커져야
의미에 공감하는 사람이 많아지고,
가치가 올라가 이익이 늘어난다.
나쁜 일이 커져야
논란으로 회자되어 소비되고,
문제로 인식돼 그것을 해결하는 일이 새로 생겨난다.

그렇게 일이 어느 정도 커지면 거기에서
영웅, 스타, 마당발, 인플루언서 등등이 나오고,
그런 사람들이 힘과 영향력을 갖게 된다.
그래서 사람들은 일을 키우려고 한다.
정도의 차이가 있을 뿐 모든 사람에게는 이런 마음이 있다.

세상이 이러하고 사람 마음이 그러하니,
일을 벌이지 않거나 오므리는 걸 잘하는 능력은
보잘것없고 별 볼 일 없는 것으로 여겨져, 그런 사람은
눈에 잘 띄지도 않고 이야기가 잘 들리지도 않는다.
그리고 당연하게도, 애초부터
일을 만들지 않는 사람에게는 아무 관심도 없다.

○

"민중은 개돼지다"

아무럼요, 저는
개처럼 살갑게
돼지처럼 신나게
살다가 가렵니다.

○

아픈 말, 나쁜 말의 역사를
반복하지도, 새로 쓰지도 않았으면 좋겠다.

아픈 말, 나쁜 말 때문에 정말로 괴로운 사람은
들은 사람이 아니라 한 사람이다.

흘려버리든 꾹꾹 삼켜버리든
들은 말은 어떻게든 처리해 볼 수 있지만,
내가 한 말은 어떻게 됐는지 알 수도, 물어볼 수도 없다.

○

'미운 놈 떡 하나 더 준다'는 속담은
'마음'에 대한 이야기라는 생각이다.

좋아하는 것에 활짝 열리고
싫어하는 것에 꽁꽁 닫히는 게
당연한, '사람의 마음'이다.

그런데 미운 사람에게도 떡을 주는 것은
굳게 닫힌 마음의 문을 먼저 여는,
본능을 거스르는 일인 것이다.

○

나이가 들수록
사람들이 왜 내 말을 못 알아듣는지 성을 낼 게 아니라
이 나이를 먹고도
왜 내가 사람들을 이해하시지 못하는지 돌아보는 게 먼저다.

○

떠도는 말처럼 '인생이 B와 D 사이의 C'라면,
현재 대한민국 국민들은 B와 N 사이의 H에 있다.

* B와 D 사이의 C: 태어남과 죽음 사이의 선택
  (Life is Choice between Birth and Death)
* B: Biden 바이든
* N: Nalimyeon 날리면
* H: Hearing test 청력 테스트

○

친구는 없어도 된다.
책과 영화와 음악이 친구고,
산과 나무와 꽃이 내 친구다.
내 일과, 삶 그 자체가 나의 친구다.

꼭 사람이 아니어도 된다는 말이다.

○

말은 파도와 같아
그 소리와 모양과 빛깔과 온도는
산산이 부서져 사라지는 것

수많은 말이 파도처럼 밀려오지만
나는 고요한 바다를 듣고 있다

애초에 파도는 이토록 거대한
바다의 것, 겨우 그 가장자리에서
요동치지만 – 이내 사그라드는
잘고 작은 일렁임이라는 걸, 알기에

나는 바다에 빠질지언정
파도에 휩쓸리진 않기로 했나

○

카카오가 안 됐다.는 걸 알았어도
크게 불편함이 없는 삶을 살고 있다.

○

사실 판단과 가치 판단은 다르다.
사실 판단에 대한 대답은 '맞다/틀리다'이고,
가치 판단에 대한 대답은 '옳다/그르다'이다.

그런데 한국 사람들이 하는 말을 잘 들어보면
'옳다/그르다'로 할 것에 '맞다/틀리다'를 쓴다.
말에서 이미, 가치가 사실이 되어버린 것이다.

○

L의 ○○○○를 들으며...
대중가요에서 이런 노래를 들을 수 있다는 것에서,
마치 P와 같은 느낌이라서 좋았다.

○

새벽부터 전화가 와 있다.
뉴스를 보고는 눈을 몇 번이나 끔뻑였다.

취소될 수도 있었지만 행사는 진행되었다.
음악은 흐르지 않았고, 웃는 사람도 없었다.
벌겋게 달아오른 눈가의 사람들이 있었는데
그들은 얼마 지나지 못해 자리를 비웠다.

그래도 나는, 우리는 각자의 일을 해야 했다.
'살아있다'는 일을 해내야 했다.

○

종종 인생 역전한 사람들의 이야기를 듣게 된다.
보통 그들의 가난했던 시절의 공통적인 이야기가 있는데
누군가가 자신의 형편을 무시하고 멸시하며 했던 말을 듣고
'이런 말을 듣지 않기 위해 성공하겠다'고 다짐했다는 것이다.

슈퍼카를 타고, 한강뷰를 보며 살고,
몇십 몇백 억을 가지게 됐다고 하지만
나는 그들이 가진 것이 부럽지 않다.
나는 무엇을 죽기살기로 열심히 하는 사람이 못 되고,
그렇게 해낸 사람들을 따라 할 자신도 없고,
그러고 싶지도 않기 때문이다.

그리고 나를 돌아보면,
그들이 말하는 것처럼 가난하지는 않았지만 살다 보니,
잘 나간다고 으스대며 나를 깔보고 무시하는 사람을
만난 적이 있었는데
그때 나는 '부자가 돼도 저렇게 말하고 행동하는 사람은
되지 말자'고 다짐했지,
'꼭 성공해서 다시는 이런 말을 듣지 않겠다'고 마음을
먹지는 않았다.

나는 성공이 함부로 부리는 힘에 끌리지 않는 사람이었고,
그 힘에 눌려도 재수없었다고 털어버리는 사람이었고,
지금도 그렇다.

                                                           ○

사람들은 외롭다.

그래서 교회에 가고
그래서 개를 키우고
그래서 TV를 틀어 놓는다.

혼자 있지 않으려고
혼자라는 느낌을 받지 않으려고
만나고, 돌보고, 말을 거는 관계를
끊임없이 만든다.

누구도 관계없이 태어나지 못하지만
삶은 결국 홀로 살아낼 수밖에 없다.
이것을 사실로 받아들인다면 문득,
더이상 외롭지 않을 것이다.

○

경쟁을 가능하게 하는 핵심 요인은
올바른 방법으로 갖춘 실력, 공정한 규칙, …
이런 게 아니라 '이기려는 마음'이다.

이 마음이 없다면
아무리 최고의 선수들이 나온다고 하더라도
제대로 된 축구 시합이 진행될 수 없다.
가끔 그런 경기들이 있기에 잘 알 것이다.

그래서 세상은 끊임없이,
남보다 잘하기를 요구하고 그 마음을 자극하는데
특히 자본주의가 제일 심하다.

〇

생각이 난다 홍시가 열리면
홍시가 난다 생각이 열리면

〇

건강한 음식을 먹자. 왜냐고?
그래야 몸과 마음이 좋아지니까.

맛있는 음식을 먹자. 왜냐고?
그러지 않으면 몸도 기분도 나빠지니까.

○

챙겨 주는 점심은 안 먹고
고픈 배를 붙잡고 돌아와
순댓국 한 그릇을 비운다.

나도 참.

○

아무리 생각해도
삶은 지루하고 지겹고 지치는 일이다.

○

손흥민의 돌파와
황희찬의 골.
오랜만에 카타르시스.

○

축구가 밥은 먹여 줄 수 있다.
하지만 잠은 못 재워 준다.

○

사주가 과학이다?
관상이 과학이다?
풍수가 과학이다?

과학이 아닌 것 중에 과학이라고 할 수 있는 건
침대밖에 없다.

○

종교니 철학이니 과학이니 인문학이니
아무리 들여다보고 요리 보고 조리 봐도 음음
알 수 없는 둘~ 인간이 있어야 할, 내가 나여야 할 이유.

○

초등학생 때 일이다. 내가 반장이 됐는지 반에서 시험에서 ○등을 했는지 정확히 기억이 나지는 않지만 무척 기분이 좋으셨던 부모님이 맛있는 걸 먹자며 외식을 하러 갔다. 택시를 타고 옆 동네로, 당시에 꽤 비싼 △△△집에 갔던 걸로 기억한다. 부모님께서는 아마 "앞으로도 잘하면 맛있는 것을 사 주겠다"는 내용의 말을 하셨을 거다. 그때 내가 "네"라고 대답을 했는지는 모르겠지만, 속으로는 '왜 내가 잘해야만 맛있는 걸 먹을 수 있는 걸까?' 궁금했었다.

군대에서의 일이다. 한창 작업을 하고서 잠깐 쉬자고 하는데 사람들이 모두 담배를 꺼내 물었다. 그중에서 나만 담배를 피우지 않았는데 그것을 본 □□□ 한 분이 나한테 "그럼 할 일도 없으니 저기 창고에 가서 사다리를 가져와라"고 했다. 창고까지 한 100m쯤 됐을까? 아직 부대시설과 장비 위치를 잘 모르던 이등병이었던 나는 창고에 가서 조금 헤맨 끝에 사다리를 찾았고, 혼자 들기에는 꽤 무거운 그걸 들고 연병장을 가로질렀다. 사람들은 내가 돌아오는 것을 보고는 쉬는 시간을 끝냈고, 나는 한숨 돌리지도 못한 채 바로 작업을 시작했다. 그때 나는 '적어도 군대에 있는 동안에는 담배를 배우지 말아야겠다'고 다짐했었다.

○

사진을 정리하다가 다시 한번 깨닫는다.
사진은 사진사가 찍는 게 아니다.

하늘이 찍고, 구름이 찍고, 바람이 찍고,
시공간이 찍고, 찍히는 사람이 찍는다.

나는 찍으라는 그들의 명에 따라
검지를 거들 뿐.

○

안 온다고 하면 약속을 바꿀까 봐
온다고 하고서 시간이 되니 안 오는 클라스.

○

인간이 살아내는 일,
그 자체가 사랑이다.
삶의 근본이 사랑이다.

인간사의 수많은 사건과 문제는
누구는 덜 사랑하고,
무엇은 사랑하지 않는 데서 생긴다.

거의 완벽한 해결 방법은 있다.
하나도 사랑하지 않든가, 모두를 사랑하든가.

꽤 오래 전에 이미 널리 알려진,
부처와 예수의 가르침이다.

○

무엇을 이뤄 낸 사람들은 보통
자신이 원하는 것에 대해 목표를 세우고,
그 과정과 결과에서 변화를 이루었으며,
그것으로 삶이 전환되었다고 한다.

이 같은 '목표-변화-전환'의 이야기를 다들 잘 알고 있지만
시도했다가 포기하고 실패한 사람들이 더 많을 텐데
아마 대부분의 경우가 목표대로 하지 못한 것에 대한,
또는 목표 그 자체에 대한 집착과 압박감 때문일 것이다.

그래서 나는 이 과정을 반대로 해 볼 것을 권한다.
먼저 전환을 하고, 그에 따르는 변화를 받아들이는 것이다.

예시로 '술을 끊겠다'고 한다면,
바로 '술을 마시지 않는 사람'이 되는 것이다.
그렇게 단번에 '전환'을 하고 몇 주, 몇 달이 지나면
자연스레 몸이 좋아지는 긍정의 '변화'가 찾아오는데
그 하루하루를 더해 가다 보면 더 건강해지고 싶고,
더 나은 모습을 그리는 '목표'를 세울 수도 있다.

그보다 중요한 건 이미 삶을 전환했고, 변화를 느꼈고,
내가 원하던 모습이 어느 정도 이루어졌기에
더이상 목표로 인한 스트레스를 받지 않거나 덜하다는 것이다.

이게 더 어려운 일 아니냐고 하거나,
어떻게 먼저 전환부터 할 수 있느냐고 묻는다면,
그 대답으로 '깨달음'을 말하겠다.
삶을 단번에, 송두리째 바꾸려면 조금은 강한 힘이 필요한데
'앎'이 '함'으로 곧바로 이어지는 '깨달음'이 바로 그 힘이 될 수 있다.

○

순서와 타이밍이 중요한 때가 있다.

○

맛있다고 빨리 먹나?
차 있으면 빨리 가지.

○

먹는 것도,
사는 것도,
별로 재미가 없다.

○

밥솥을 바꿔 드렸다.
아무리 조심히 썼다한들
그 속에 다 된 세월이 얼만데.

○

grease는
'구리스' 또는 '그리스'로 쓴다.

○

두통 있으신가요?
아뇨, 한 통밖에 없는데요.

○

중도(中道)의 중(中)은 가운데다.
사람들은 흔히들 그 가운데를
'선 위의 두 점 사이'로 떠올리는 데 익숙하다.

그러나 나는,
이렇게 해서는 중도를 이해할 수 없고,
처음부터 접근이 잘못됐다고 본다.

중(中)에는 '속, 안'이라는 뜻도 있으니
중도를 '중심으로 가는 길'로 풀어보면 어떨까?

그럼 이제, 2차원의 선(線)을 버리고
3차원의 구(球)를 떠올려 보자.

중도를 통해 구의 중심에 이르면
모든 것들과 같은 거리에 있게 된다.
조금도 치우치지 않는, 완벽한 가운데(中) 아닌가.

중심으로 가는 길은
밖에서는 보이지 않는 안으로,
겉에서 속이라는 완전히 다른 시공으로 들어가야 한다.

때로는 없는 길을 만들어야 하고,
가운데가 어디인지도 알기 힘들다.
이처럼 끊임없이 모르는 길을 가야 하기에
중도는 그 자체로 어려운 것이다.

그러나 애초에 선과 점을 생각해서는
엉뚱한 곳에서 헤매기만 할 것이다.

○

내가 있는 곳이 곧 세계요, 또 우주다.

○

옷의 보풀을 떼다가 떠오른 것.

옛날에 태어났으면
어느 대감집에 딸린 머슴으로,
이런 거 하고 짐 나르고 마당 쓸면서
주는 것 먹고 살았을 텐데.

그렇게 살다 갔어도 그만이었을,
순간순간 행복했을 인간의 삶이여.

○

윈도우즈는 왜 맨날 업데이트를 하나?
창밖을 볼 때마다 풍경이 달라지듯이.

○

누울 자리를 보고 다리를 뻗고,
듣는 귀가 있으면 혀를 놀린다.

○

살면서 이따금씩 "말세다"라는 말을 들어왔는데
그렇다면 나는 지금껏 누군가의 타락한 세상에서
아름답게 피어날 나를 그리고 꿈꾸며 살아왔구나

○

하나를 보면 열을 알 수 있다고 하는 건
통찰력이 대단한 사람이 하는 말이 아닌 이상 거짓이다.

보통의 사람은 하나를 보면 하나만 알고, 많이 알아야 두세 개다.
물론 계속 알아가면 네댓, 예닐곱, 여덟도 알 수 있다.
하지만 그렇게 아홉까지 알아도 열을 다 알 수 없는 게 사람이다.

○

이승환 뮤직비디오에 나온 귀신의 정체가
20년 만에 밝혀진 이야기에서, 한 사람이
이익을 추구하는 행동이 얼마나 크게 예측
할 수 없는 방향으로 영향을 미치게 되는지
알 수 있다.

○

교육은
과정에서는 못 배운 사람을 가르치는 것으로 기능하지만,
결과로는 못 배운 사람을 걸러내는 쪽으로 기능하게 된다.

○

나는 누가 나를 쳐다보는 게 싫다.
그리고 나를 내려다보는 것도 싫다.
무엇보다 나를 올려다보는 게 가장 싫다.

○

으르렁이 아리랑 된 지가 언젠데

○

세상에 70억 명이 있으면, 지금 이 순간에 최소한
70억 개의 생각과 700억 개의 마음이 있을 것이다.

○

기껏 나이를 먹었더니
다시 뱉어 내라 하네.

○

세상이 미쳐 돌아가도
나는 예쁘게 살아야지

○

아이가 안경을 쓴 것을 보면 어른들이 했던 말.

아이가 공부를 잘하면 "책을 많이 읽어서."
아이가 공부를 못하면 "텔레비전을 많이 봐서."

여태껏 안경을 한 번도 안 쓴 나는
책도 안 읽고 텔레비전도 안 보고 살았도다.

○

자꾸 내려놓지 못한다고들 하는데
뭘, 언제들 그렇게 올려놓은 거야?

○

2016년 3월 알파고와 이세돌의 바둑시합. 인간과 기계라는 세기의 대결에 전 세계인의 이목이 대한민국으로 모였다. 사람들은 경우의 수가 워낙 복잡한 바둑에서 아직은 인공지능이 인간을 따라잡기 어려울 거라고 했다. 장난삼아 하는 내기에서 알파고의 승리에 건 사람도 있겠지만, 진심으로 인간이 기계에게 지기를 바랐던 사람은 없었을 것이다. 이세돌은 단지 한 명의 바둑기사가 아니라 인간이 아닌 존재와 싸우는 사람, 인류의 대표였다. 특히, 한국 사람들에게는 인류 대표인 이세돌이 한국인이라는 사실도 무척 중요했을 것이다. 하지만 결과는... 이세돌의 1차전 패배에 당황했지만 애써 담담해하던 사람들은 3차전까지 내리 승리를 내어주자 상황이 매우 심각하다는 걸 깨달았다. 소설이나 영화에서나 봐왔던 인공지능의 능력을 바로 눈앞에서, 인간의 패배로서 실감했던 것이다. 4차전에서 신의 한수라 불리는 78수로 그나마 이세돌이 한 시합을 이겨서 다행이지, 만약 0:5로 졌다면 당시 사람들이 느꼈을 충격은 대한민국 축구 국가대표팀의 그것과는 감히 비교할 수도 없을 것이다. 적절한 비유가 아닐 수도 있겠지만, 나는 그때 핵폭탄 다섯 발이 서울에 떨어졌다고 본다. (다행히도(?) 하나는 불발탄이었다.) 한국 사람들의 머릿속에는 지금도 가까이에서 보고 들은 그 참담한 현장이 콱 박혀있을 것이다.

난리가 났다. "인공지능이 어쩌구~ 로봇이 저쩌구~" 여기저기에서 온통 알파고 이야기뿐이었다. 이런 일이 일어날 때 물리적, 심리적 거리가 가까울수록 당연히 영향을 많이, 크게 받는다. 당시 다른 나라의 상황을 잘 알지는 못하지만, 자국에서 자국인 인류 대표의 패배를 지켜본 한국 사람들은 더 큰 공포를 느꼈을 것이다. 그로부터 한두 달쯤 후, 나는 어느 청소년 대상 진로 강연에서 그것을 사례로서 확인할 수 있었다. 강의가 끝났고, 한 학생이 강사에게 질문을 했다. "인공지능이 모든 것을 할 수 있는 시대가 금방 온다고 하는데 그렇다면 지금 제가 학교에서 배우는 게 쓸모가 있을까요? 저는 앞으로 무슨 일을 하며 살아야 하나요?" 평소 같으면 그 나이 때에 느낄 법한, 진로에 대한 고민 정도라고 여겼을 것이다. 하지만 그의 표정과 어투는 가장 진지했고, 눈빛은 또렷했다. (하지만 초점이 맞지 않은 듯 보이기도 했는데 물론 내 느낌일 뿐이다.) 아직 먼 미래의 영화나 소설 속 이야기라고 미루어왔던 일이 그에게는 몇 십 년? 십 몇 년? 아니 몇 년 만에, 자기 인생의 가장 젊은 시기에 마주하게 될 코앞의 일이었던 것이다. 강사의 대답은 잘 기억나지 않지만 원론적이었고, 결국 사람만이 할 수 있는 창의력, 인성 등을 강조했던 것 같다. (아마 그 학생에게 큰 도움이 되지는 않았을 것으로 본다. 하지만 내가 강사였어도 그때는 그렇게 대답했을 것이다.) 돌아오는 길에 나는 머리가 복잡해지고 마음이 무거워졌다. 그리고 속으로 계속 '만약'을 중얼거렸다. 만약 이 시합이 한국이 아닌 옆나라에서 열렸다면... 만약 그 인류 대표가 한국인이 아닌 다른 나라 사람이었다면... 그랬다면 '우리'가 지금처럼 놀라지는 않았을 텐데...
잠시 시간을 거슬러, 전쟁이 끝나고 폐허가 된 대한민국은 2차 산업 중심의 경제 개발을 본격화한다. 이 과정에서 이촌향도 현상이 나타나는데 한평생 자기가 태어난 곳에서 땅을 일구어 먹고 살던 사람들이 처음으로 집을 떠나 도시로 향한 것이다. 물론 농사 짓는 게 힘들고 싫어서 애초에 떠나고 싶었던 사람도 있었겠지만, 그러고 싶지 않았던 사람들까지도 떠밀려 사회 현상이 되었던 요인으로 나는 경운기(트랙터)가 꽤 큰 몫을 차지한다고 본다. 마을의 일꾼들이 모두 모여 몇 날 며칠씩 돌아가며 모내기, 김매기, 추수를 해야 했던 논일을 경운기는 단 하루, 단 몇 시간만에 끝내 주었다. 낫질을 배워 농사일을 돕던 청년이 처음 눈앞에서 트랙터를 봤을 때, 무슨 생각이 들었을까? 아무리 나보다 뛰어나더라도 사람이어야 한번 덤벼보기라도 하지, 나를 압도하는 성능의 기계 앞에서 한 인간은 한없이 초라해질 뿐이다. 무력함을 느낀 그의 선택은 트랙터 운전을 배우든가, 아니면 새로 생겨나는 공장에 가서 일하든가. 선택권이 있는 것 같지만, 경운기의 운전석은 하나뿐이기에 훨씬 많은 청년들이 낫을 내려놓고 도시로 떠나야 했다. 그렇게 어쩔 수 없이, 또 새로운 도전이라는 이름으로 살게 된 도시도 그 후 수십 년동안 그 모습이 크게 달라졌다. 약설하면, 기계의 자동화로 또 한 번 수많은 사람 손이 필요없게 되었고, 요즘은 오직 사람만이 할 수 있다던 대면 서비스와 창작까지도 컴퓨터가 척척 해내고 있다.

나는 처음에는 알파고가 경운기 같다고 생각했다. 인공지능이 세상에 큰 변화를 가져올 것은 이미 잘 알고 있고, 바꿀 수도 없는 일이니, 그 변화를 잘 받아들이고 기술을 잘 이용하면 되겠다고 생각했었다. 하지만 지금은 완전히 다르다. 인공지능은 어느새 우리 생활 속으로 들어와 속속 자리를 잡고 있다. 그리고 이제 곧, 사람 한 명이 감히 엄두도 내지 못할, 인간의 집단지성으로도 도저히 감당할 수 없는, 전 인류의 지능을 뛰어넘는, 말 그대로 어마어마하고 무시무시한 '진짜 인공지능'이 나오려 하고 있다. 60여 년 전 대한민국 농촌에 등장했던 게 '그냥 경운기'라면, 지금의 인공지능은 '트랜스포머 경운기'다. 경운기 한 대가 논 몇 마지기의 일을 단 몇 초만에 끝내는 것을 상상해 보라. 현장에서 그것을 보면 어떤 느낌이 들까? 우선 그 성능에 놀랄 테고, 힘들게 일하지 않아도 된다며 잠깐 신날 수도 있겠다. 하지만 인간이 아무런 필요도, 쓸모도 없는 존재가 된다는 것을 알아차릴 때까지 그리 오랜 시간이 걸리지 않을 것이다. '그냥 경운기'는 운전자라도 필요했지만 '트랜스포머 경운기'에는 사람이 앉을 자리도 없고, 심지어 리모콘으로 조종할 사람도 필요 없다. 지금껏 인간은 운전자라는 물리적 실체로나마 그 가치가 있었지만 '진짜 인공지능'에게는 논 근처에서 괜히 서 있어서 걸리적거리기만 하는, 작업에 방해만 되는 '것'일 뿐이다. 저 옛날 청년은 낫을 내려놓고 다른 곳으로 떠나기라도 할 수 있었지만, 과연 진짜 인공지능의 시대에서 인간에게 허락된 자리가 있을까? 얼마나 있을까?

잠깐 근본적인 이야기를 꺼내면, 사실 자연의 관점에서 '삶'에는 어떤 가치나 의미는커녕 존재의 이유도 없다. 인생은 그저 '태어났으니까 사는 것'이다. 삶의 의미, 가치는 인간이 오랜 역시에서 만들고 가꾸어 온 문물, 문화, 문명에서 비롯되며 인간은 자신들의 경험과 능력에 의미를 부여하고 가치를 키워왔다. 그리고 아무리 뛰어난 인간이라 하더라도 결국 인간의 몸이라는 육체와 정신 활동의 한계를 넘지 못하기에 교학을 통해 세대를 이어가며 발전시켜왔다. 그러나 기술의 발전으로 특정 부분에서 인간을 압도하는 기계가 나올 때마다 전통적인 어른-어린이, 스승-제자, 부모-자식이라는 '세대간 이음'이 조금씩 깨지기 시작했다. 특히, 21세기가 시작된 최근 20여 년은 인터넷, 스마트폰 등 온라인 세상이 펼쳐진 큰 변화의 시대로, '어른'이 없어지고 '꼰대'라는 말이 가장 극심하게 사용됐던 시기이기도 하다. 알파고가 등장했던 때로 다시 돌아가 보면, 그때 한창 꿈을 키울 나이였던 청소년, 청년들은 이제 20-30대가 되어 학교를 졸업했을 것이고, 직장을 다닐 것이고, 결혼을 준비하거나 한 사람들도 있을 것이다. 나는 당시는 물론 지금까지 10년 가까운 시간동안 알파고가 그들의 사상과 가치관에 아주 큰 영향을 주었다고 본다. 그들은 자신의 성장과 동시에 인공지능의 발전을 절실히 체감해왔고, 그래서 자신이 무슨 일을 하며 어떻게 살아가야 할지 더 치열하게 고민했고, 다른 세대보다 훨씬 더 혼란스러웠을 것이다. 인간에서 인간으로 이어지고 전해지지 않는 배움에 낯설어하고, 의미와 가치가 없는 삶에 대한 고민을 너무 이른 나이에 맞닥뜨렸을 것이다. 겉으로 드러나 보이지는 않겠지만, 나는 이런 생각과 정서가 젊은 층과 관련된 교육, 직업, 결혼, 출산, 주거, 젠더 등의 이슈에 더해지고 얽혀서 사회문제가 더 복잡하게 나타나는 면이 있다고 본다. 이는 기존에 새로 등장했던 세대들과도 완전히 다르다고 하는 MZ세대의 특징과도 결코 무관하지 않을 것이다.

조금 과한 비관적 시선으로 마무리하자면, 진짜 인공지능은 인간의 삶과 의미와 가치를 바닥에 내팽개칠 것이다. 이미 많은 사람들이 그것을 느끼고 있고 두려워하고 있고, 우리는 그것을 담담하게 받아들일 수 있는 준비가 되어있지 않다. 그렇다고 19세기 초반 산업혁명으로 일자리를 잃은 노동자들이 기계를 부쉈던 러다이트 운동Luddite Movement과 같은 일은 일어나지 않을 것이다. 인공지능의 성능이 아무리 두렵다고 해도, 이미 컴퓨터와 온라인으로 모든 것과 연결된 세상에서 전원 버튼을 꺼버릴 사람은 극히 소수일 것이다. 또한 불필요한 노동에서 해방될 것이라는 장밋빛 전망은 지나치게 낭만적이고, 너무나도 미시적이며, 기술과 자본을 독점할 극소수의 이야기이다. 떠도는 말처럼, 기술이 발전할 때마다 인간의 삶은 편해졌지만 좋아졌다고 할 수는 없다. 기계 덕분에 더 빨리 일할 수 있게 됐지만 그래서 인간은 더 많은 일을 하고 있고, 차고 넘칠 정도로 먹을 것을 생산할 기술이 있지만 먹는 일은 여전히 인간의 가장 큰 걱정거리가 아닌가. 진짜 인공지능의 시대에서도 이런 일은 해결되기는커녕 더 많은 문제가 생겨날 것이고, 훨씬 더 많은 인간이 자리에서 쫓겨나는 것도 모자라 그냥 어느 '것'으로 존재할 것이다. 어찌 됐든, 우리가 할 수 있는 일은 인류가 만들고 가꾸어 온 경제, 정치, 사회, 문화, 환경 등 모든 것들에 대해 근본적으로 성찰하고 질문하는 것 밖에는... 딱히 없어보인다. 그러나 그 해답을 찾기 전에, 우리가 던진 물음표는 이미 어느새 인간의 쓸모 뒤에 찍혀 있을 것이다.

○

상냥하지 않다고 해서 불친절한 게 아니다.
느낌에 속지 말고, 단어를 섞지 말자.

○

좋아 보이는 것과 좋은 것,
예뻐 보이는 것과 예쁜 것,
멋져 보이는 것과 멋진 것,
강해 보이는 것과 강한 것,

잘 구분할 줄 알아야 한다.

○

MBTI로 쉽게 비유를 하자면,
대문자 E들과 노는 건 좋지만
그들에게 놀아나지는 말자고.

○

이 세상에 떠도는 말 중에
99.99999999999%는
헛소리, 개소리, 뻘소리다.

○

그러고 보니 한국인은 곰의 민족이네.
곰곰이 생각하니 우린 곰이네.

○

잘하는 것보다
잘한 다음에 잘 하는 게 더 중요하다.

○

권력, 세력, 재력, 매력, 능력, 실력, 체력, 압력, 완력, 중력, …
인간은 힘에 끌리고 밀리고 눌린다.

조금이라도 힘을 가지면 마음대로 부리려 하고,
힘을 가지지 못하거나 가질 수 없다고 생각되면
힘 있는 자의 가까이에서 그 힘을 빌려 누리려 한다.

○

요리도 설거지도 하기 싫으면
식당 가서 돈 내고 먹고 와야지.
그렇게 해도 누가 밥을 먹여 주지는 않지.

살아 있어야 하는 내가 밥을 먹는 건
죽을 때까지 끝나지 않을 일이다.

○

전자레인지에서 돌고 있는 피자 한 조각을 보며
어디에선가 본 '얼굴 쫙 피자'라는 문장이 떠올랐다.

나는 얼굴을 '펴는 것'은 알고 '피는 것'은 몰랐지만
그 말대로 '얼굴을 피기'로 했는데,
그러자 곧 '담배를 피다'라는 문장이 떠올라
잘못됐다는 걸 알고 얼굴을 '피우기'로 했다.

○

"좋은 게 좋은 거다."
"대안이 없으면 비판하지 말라."
"애들은 싸우면서 크는 거다."

이런 류의 말들은 죄다
가해자, 힘 있는 사람들이 했던 말로
방어 논리가 되어 퍼졌다는 생각이다.

그 같잖은 말에 휘말리지도,
휘둘리지도 말자.

○

대한민국에 안 되는 게 어디 있냐는 말이 가능한 건,
대한민국이 웬만한 게 될 수 있는 환경이기 때문이다.

○

'UN○○'는
○○를 안 먹어본 사람이 만든 게 분명하다는 말에,

UN이 붙어있으니 사기라고 할 수는 없고,
사실 적시에 의한 입맛훼손 정도라고 하면 될 듯.

○

나는 누구의 자랑도,
사랑도 되고 싶지 않다.

그래도 굳이 뭐라도 말해 보라면,
한순간 당신 앞에 펼쳐졌던
파랑이면 좋겠다.

○

크리스마스라고 빵집들이 죄다
케이크만 만든다.
말세다.

○

미안했던 사람에게는
마음을 풀기 전에 또 미안한 일이 생기고,
신세를 진 사람에게는
그것을 갚기 전에 또 신세질 일이 생긴다.
실수하고 잘못한 사람에게는
그것을 만회하기 전에 또 실수하고 잘못한다.

둥글둥글하지만은 못한 성격 탓에-
때로 상대를 기분 나쁘게 비죽거려 놓고
어물쩍 넘어가 버렸던 사람들과는
사과는커녕 만날 일도 생기지 않는다.
그리고, 사과가 어려워질 정도의 시간이 지난다.

보잘것없고 부끄러운 부분을 가리고 감춰 보지만
그런 모습은 꼭 가장 보이고 싶지 않을 때 드러나고,

좋은 일이 생겨서, 또 어쩌다 기분에 취해-
뭐 대단한 사람이라도 된냥 한번씩 으스댔던 말들은
전혀 예상하지 못한 이런저런 반응으로 돌아와
좋든 싫든 나쁘든 그것을 감당하느라 진땀을 빼곤 한다.

살아 보니, 그렇더라고.
이런 게 좀, 어렵더라고.

○

이었던 일기를 엮다

어느 날, 나는 일기를 쓰기 시작했다.

'날마다 그날그날 겪은 일이나 생각, 느낌 따위를 적는 개인의 기록'이라는 사전의 뜻 그대로 나는 그날의 생각이나 느낌을 일기로 썼다. 꼭 그날의 일이 아니어도 평소에 생각해 오던 것이 어느 정도 정리되거나 어떤 문장이 떠오르면 일기를 썼다. 또 책, 음악, 영화, 신문, 전시, TV 프로그램 등을 보고 듣고 읽다가 공감하거나 동의하는 내용이 있으면 일기장에 글자 그대로 써 놓았다.

왜 내가 일기를 쓰기 시작했는지는 나도 모른다. 다만 나는 그동안 하루도 빠짐 없이 일기를 써 왔고, 지금도 쓰고 있다. 놀랄 만하긴 하지만 대부분 한두 문장이고 심지어는 단어 몇 개만 덩그러니 써 있어서 일기글이라고 하기에는 민망한 게 더 많다. 그래서 내 일기는 사전적 정의에서의 '생각, 느낌'보다는 '날마다 적는 기록'에 초점이 더 잘 맞는다. 처음부터 컴퓨터로, 다이어리 기능과 어플리케이션을 이용해 왔던 터라 하루도 빠지지 않게 '일기를 채웠다'고 하는 게 더 정확하겠다. 절대로 오해하지는 마시길, 나는 하루도 거르지 않고 매일 일기를 쓸 정도로 부지런한 사람이 못 된다. 하루를 정리하고 돌아보며 일기를 쓰기도 했지만, 개학을 며칠 앞두고 해치우는 방학숙제처럼 몇 주, 몇 달씩 몰아서 비어 있는 날을 채운 적이 훨씬 많았다. 그럴 때면 일정이 적혀 있는 달력, 틈틈이 써 놓은 메모, 주고받은 메시지와 이메일, 색이 바랜 영수증과 카드 결제내역 같은 일상의 기록이 도움이 되었다. 그것들 덕분에 도저히 기억나지 않는 그때 그곳의 일들을 떠올릴 수 있었다.

이 책은 이렇게 쓰고 채워 온 2008년부터 2023년까지의 일기에서 내가 직접 쓴 글만 골라 엮은 책이다. 책을 만들기로 결정하고서, 나는 일기장을 처음부터 끝까지 전부 읽었다. 이제 나이가 들어 쑥스러워진 표현과 오랜 시간이 지났어도 여전히 초라한 문장에 얼굴이 벌겋게 달아오르기도 했지만 이따금씩 재미있는 일기에 웃었고, 제법 괜찮은 글을 읽을 때는 기뻤다. 이렇게 일기를 쓰기를 참 잘했다는 생각이 들었다. (첫 번째 글은 어느 작가의 묘비명을 옮겨 놓은 것이지만, 일기장의 첫 일기이기에 넣기로 했다.)

그런데, 지난 일기를 읽는 동안 한편으로는 뭔가 굉장히 묘하고 이상했다. 분명히 내가 한 일, 내 생각, 내 느낌을 글로 써 놓은 것인데도 왠지 다른 사람의 일기를 읽는 것처럼 무척 낯설었다. 심지어 몇몇 글은 정말로 내가 쓴 것인지 강한 의심까지 들었다. 지난날에 일기를 썼던 '과거의 나'와 그 일기를 읽고 있는 '지금의 나'가 완전히 다른 사람 같았다. 그저 '시간이 지나서', '과거가 되어서'라는 말로 받아들여야 하는 걸까? 그럴 수 있는 걸까? 나는 좀 어지러웠고, 좀처럼 이해할 수도 납득할 수도 없었다.

물론 16년은 내가 달라지기에 충분한 시간이다. 생물학적으로 인간은 7~10년이면 뼈조직과 신경 세포까지 몸 전체가 완전히 새로 재생된다고 하니, 그동안 내 몸은 최소 한 번은 완전히 달라졌다. '10년이면 강산이 변한다'는 말도 있듯이, 나를 둘러싼 주변과 환경도 달라지고 있다. 특히 요즘은 그 속도가 워낙 빨라서 불과 몇 년, 몇 달 전만 해도 전혀 예상하지 못했던 일이 어느새 눈앞에서 펼쳐지기도 한다. 인간은 이렇게 시시각각 달라지는 변화에 생존하고 적응하려고 모든 순간순간에 자신을 맞추고 있으니, '과거의 나'와 '지금의 나'가 다른 사람이라 해도 크게 틀리지 않을 것이다. 그렇다면, 과연 이 둘을 한 사람이라고 할 수 있을까? 헷갈리거나 망설일 틈도 없이 나는 이미, '그렇지 않나' 또 '그럴 수 없다'고 하고 있었다. 살아온 날을, 지난날의 나를 '내가 아니다'라고 부정할 수밖에 없게 되자 온갖 질문이 꼬리에 꼬리를 물며 늘어졌다. 그렇게 오랫동안 헤매며 이어졌던 생각을 잠깐 풀어 보려고 한다.

영화관에서 영화를 보는 경험을 떠올려 보자. 깜깜한 어둠 속에서 스크린에 한 줄기 빛이 비추며 영화가 시작된다. 영상의 최소 단위인 프레임frame은 사진과 같은 '정지 이미지'이지만, 1초 동안 24장이 한 장씩 순서대로 나오며 우리가 '동'영상으로 인식하게 하는 '움직임'을 만든다. 시작한 영화는 프레임을 거꾸로 되돌아가지도, 또 건너뛰지도 않는다. 그러므로 기술적으로, 또 물리적으로 우리의 눈은 오직 '지금 스크린에 떠 있는 프레임'만 볼 수 있다.

여기에서, 하나의 가정과 과감한 상상이 필요하다. 한 프레임이 나오는 시간인 1/24초를 '지금'으로, 스크린을 우리가 존재하고 있는 공간인 '여기'로 정의해 보자. 그럼 '스크린에 떠 있는 프레임'이 '실제의 지금, 여기'의 시공간에 똑같이 대응하게 될 것이다. 이제 과감하게 스크린을 위아래로, 옆으로, 또 앞뒤로 무한히 늘려 보자. 그럼 우리가 있는 곳은 더이상 영화관이 아니라 실제 세계, 우주宇宙가 된다. 우리가 눈을 통해 세상을 감각하고 존재할 수 있는 건, 오직 '지금, 여기'에서만 가능하다는 것이 확인됐고 이에 동의할 것이다.

그러나 눈은 '지금 스크린에 떠 있는 프레임'을 인식하지 못한다. 1/24초 동안 떠 있는 프레임 한 장을 온전히 알아보거나 2시간짜리 영화를 172,800장의 프레임으로 볼 수 있는 사람은 없다. 인간은 언제나 '지금 여기'에 존재하며 세상을 보고 있지만, 바로 그 시공을 있는 그대로 알아보지는 못하는 것이다. 인간은 그보다는 여러 프레임이 모인 단위인 쇼트shot에서 생겨나는 시공의 흐름이나 움직임을 알아차리는 데 능하다. '지나간 것'과 '지금 보고 있는 것'의 차이를 알아내는, 한마디로 '변화'를 잘 파악하는 것이다.

인류의 역사에서 이렇게 하는 것이 생존에 유리했던, 진화의 결과일 것이다. 인간은 시공간을 과거-현재-미래로 이어지거나 연속된 것으로 감각하는 생각을 발전시켜 왔고, 그 증거는 전 세계의 수많은 언어와 여러 단어에서 흔하게 찾아볼 수 있다. 사람들이 자신의 삶을 이야기할 때 너무나 쉽게 선timeline으로 말하고 쓰는 것도 이같은 사고방식에서 비롯됐을 것이다. 누군가의 인생, 그 삶의 희로애락은 그어지는 선을 따라 그려진다. 그 선은 지난날에서 오늘로, 또 지금에서 다음날로 이어지는 데 아무 망설임이 없다.

 그러나 여러 프레임으로 움직임을 만들어 내는 영상의 기법이 사실은 움직이는 것처럼 보이게 하는 착시 효과이듯이, 나는 우리가 살고 있는 시공간이 과거-현재-미래로 이어진다고 믿는 것을 인간의 착각이라고 본다. '살아 있는 나'가 과거가 되어 '지금 여기의 나'로 이어져 '살아온 나'가 되고, 미래의 '살아갈 나'까지 이어질 수 있는 것은 인간이 지나간 것들을 '기억'하고 앞으로의 날을 '기대'할 수 있기에 가능한 것이다. 인간에게 이런 '기억'과 '기대'의 능력이 없다면 애초에 '삶'은 이야기될 수 없다. 이런 관점에서, 나는 우리가 늘 '존재'하고 있는 '지금 여기'의 시공간을 점point으로 본다. 점은 길이와 모양과 크기가 없고, 위치만 있기 때문이다. 물론 우리는 '지금 여기'가 아닌 시공간에도 얼마든지 점을 찍을 수 있다. 하지만 그 점은 인간이 자기 삶을 이야기하기 위해서 선을 그릴 때만, 즉 '변화'를 말하기 위해서 보조역할로 쓰일 때만 가능한 것이다. (쓰고 보니 비유와 표현이 다를 뿐, '시간이 흐르지 않는다'는 것을 현대과학에서 다루고 있으니 관련 내용을 찾아봐도 좋겠다.)

아무튼 이 이야기를 마무리하자면, 우리는 오직 '지금 여기'라는 점에서만 '살아 있다'. 그러나 이렇게 존재하는 것만으로 삶은 이야기될 수 없다. 특히 인간은 어제를 기억하고 내일을 기대하는 힘으로 살아가기에, 인간사에서 삶이란 '살아온 것'과 '살고 있는 것'과 '살아갈 것'으로 이어지는 변화로서만 증명되고 설명된다. 우리는 점에서만 존재할 수 있지만 그 점을 변화로 이야기할 수 없고, 선으로만 변화를 이야기할 수 있지만 그 선에 존재할 수 없다. 그래서, 삶은 그 자체로 역설이고 모순이다.

 존재니 변화니 점이 어쩌구 선이 저쩌구... 생각에 생각에 생각이 더해져 너무 멀리까지 와 버린 걸 알고는, 억지로 정신을 차렸다. 그렇게 현실로 돌아와 책을 만들자고 보니, 이번에는 정하고 결정해야 할 것들로 갈 길을 잃었다. 이 일기장의 이야기를 독자들에게 어떻게 꺼내놓아야 할지, 고민에 걱정에 근심이 곱해졌다.
 그저 그날그날 끄적이다 보니 일기가 많아진 것이고, 시간이 지나 돌아보니 지난 만큼의 시간이 있는 것이다. 나에게는 사실로서 있는 '그런 일'일 뿐이다. 그러나 독자들에게는, 책에 실린 글의 개수가 충분히 차고도 넘치지 않을까? 책에 담긴 시간이 긴 세월로 재고도 남지 않을까? 나는 넘치는 글의 무게로 독자를 버겁게 하고 싶지 않았고, 남는 시간의 길이로 이 책이 행여 한 사람의 역사나 성장 이야기로 읽히는 게 싫었다. 이런 내 마음을 헤아리면서도 별 주제 없이 늘어놓은 일기를 엮을 수 있는 제목은 무엇인지, 이런 책에 어울리는 이름이 있기는 한 건지, 한동안 감조차 잡지 못했다.

《늘 오늘》은 이런 생각과 고민 끝에 나온 제목이다. 지구가 한 바퀴를 돌아 생기고 수십억 년동안 수많은 생명체가 그것을 자기 몸과 세포에 새겨온 한 번씩의 '낮밤', 그중에서도 특히 인간이 입고 먹고 자고 싸고 보고 듣고 맡고 만지고 느끼고 말하고 감각하고 생각하고 움직이며 살고 있는 모든 순간이 있는 '시공간', 그것을 오롯이 담아내면서도 내가 살아 존재하는 '지금 여기'에 가장 가까이 있는 '날', 변화하는 삶의 이야기를 일기로 쓰기에 딱 알맞은 '하루', 이 모두를 아우를 수 있는 가장 적당한 단어가 바로 '오늘'이었고, 거기에 '늘'을 얹어 일기 속 오늘들을 책으로 엮었다.

글을 고르고 제목을 지으며 일기를 수없이 읽고 또 읽었다. 그렇게 마주한 오늘에서, 나는 긍정과 부정, 비관과 낙관, 열정과 냉정, 절망과 희망의 단어들로 내 삶과 이 세상에 대해 비유와 직설로 답을 내고 있었다. 언제나 그렇듯 답은 끝이 아니기에 또다른 질문이 시작되었고, 나는 내가 뱉어 냈던 답을 곱씹으며 존재와 변화에 대해 물었다. 그렇게 어찌어찌 책을 만들고 제목을 다시 보니, '늘'은 점이었고 '오늘'은 선이었다. '지금 여기'의 그 점은 절대로 무엇 하나 바꿀 수 없다. 하지만 이 선은 내 마음대로 줄이고 늘일 수 있다. 오늘 무엇을 했는지, 오늘 무엇을 하고 있는지, 오늘 무엇을 할지, … 나는 일기 속 오늘의 나를 만나며 그동안 내가 살아온 삶의 선, 그 길이는 가끔 길 때도 또 짧을 때도 있있지만 늘 '오늘'이었다는 것을 알았다. 그리고 지금도 나는, 크게 다르지 않게 살고 있구나. 앞으로도 나의 삶의 선의 길이는 '늘' 오늘일 거라고, 계속 이렇게 살면 되겠다고, 그러면 참 좋겠다고 생각했다.

책을 쭉 읽은 독자라면 눈치챘겠지만, 일기는 날짜순으로 실었다. 그래서 아무 페이지나 펼쳐서 읽고 덮었다가 다시 아무 데나 읽어도 좋을 것이다. 워낙 글의 개수가 많고 다양하다 보니 주제를 정해 묶는 게 어려웠고, 그렇게 하면 제목의 의미와도 잘 연결이 되지 않는 것 같았다. 결코 귀찮아서 이렇게 한 게 아니라는 변명을 하고 있지만, 16년치라고 하면 이해해 주실 독자가 더 많을 것이다. 비슷한 이야기가 계속 나오거나 유독 눈에 많이 들어오는 단어도 있다. 중복되지 않게, 반복을 피하는 것도 고려했지만 개별 글 자체의 내용과 표현을 우선하여 골랐음을 말씀드린다.
 일기는 저자인 내가 봐도 제각각이다. 형식이 멋대로인 것은 그러려니 해도, 글의 완성도가 제멋대로다. 내용을 전개하다가 갑자기 끝내거나, 짜임이 헐겁고 어설픈 글이 있는데 당시에 충분히 공들여 쓰지 않았기에 그렇다. 그렇게 대충 써 놓고서 제대로 마무리하지 못한/않은 것도 나이기에, 맞춤법이나 띄어쓰기가 잘못된 부분만 고치고 그대로 옮겼다. 단어나 사실이 틀린 것도 웬만하면 그대로 두었는데 당시에 그것에 대해서 잘 모르던 사람, 또 잘못 쓴 사람도 나이기 때문이다. 동일한 이슈나 사안에 생각이 반대되거나 배치되는 것도 있다. 모순이라고 지적할 수도 있겠지만 '이 사람이 이때는 이렇게, 또 저때는 저렇게 생각했구나'하고 넘어가 주시면 서로 편하겠다. 오래 전 글이 지금의 내 생각과 다르거나 시대정신에 어긋나서 고심하며 넣다 뺐다 넣은 것도 있다. 혹 잘못 됐거나 미숙하게 보이더라도 그때에는 그럴 수도 있었고, 나이가 어렸던 저자임을 감안해 너른 마음으로 이해해 주시면 좋겠다.

독자 중에 나를 아는 사람이 있다면 '이거 내 이야기잖아'라며 알아차릴 만한 글도 있겠다. 호칭 때문에 어쩔 수 없이 드러난 우리 가족 외에 실명으로 썼던 부분은 모두 알파벳으로 대체했으나, 허락을 구하지 않고 책에 실은 점에 대해선 행여 기분이 좀 언짢더라도 저자와의 인연을 탓하셔야 어쩌겠나. 이외에도 꼭 필요한 경우를 제외하고 이름, 날짜, 장소 등을 알파벳이나 도형 기호로 가렸다. 개인사와 주변인들의 사적인 이야기를 드러내지 않으려는 것이 가장 큰 이유였지만, 유명인의 이름이나 이미 공개가 된 사실이라 전혀 문제될 게 없는데도 가린 것들도 많다. 고유명사에 방해받지 않고 글의 내용과 주제가 독자들에게 바로 전달되었으면 하는 마음이었고, 또 구체적으로 특정된 정보로 인해 이 일기와 이야기가 저자의 일로만 읽히는 데 그치지 않았으면 하는 마음이 있었다. 나는 모두의 오늘이 사람마다 크게 다르지 않다고 생각한다. 그러기에 독자들이 단 한 번이라도 나와 같은 경험을 했고, 나와 비슷한 생각을 했고, 나의 일기에 공감했다면, 각자의 어제에서 나의 오늘과 닮은 오늘이 떠오르면 좋겠다는, 또 나의 오늘이 여러분의 지금 여기에 닿아 저마다의 오늘을 쓸 수 있으면 좋겠다는 바람에서다.

○

애이치.
알파벳과 비슷한 세 글자에
당신의 이름을 넣어도 되고,
묵음에 이름을 숨겨도 좋다.

그렇게 해서
나의 오늘이 당신의 오늘로
이어지기를, 바라며.

◎

· 이 책의 가치는 나무 한 그루, 꽃 한 송이, 풀 한 포기보다 크지 않습니다.
  자라난 마음을 어찌하지 못해 만들었으니, 잘 읽히고 쓰이기를 바랍니다.
· 잘못된 책은 구입처에서 바꿔 드린답니다.